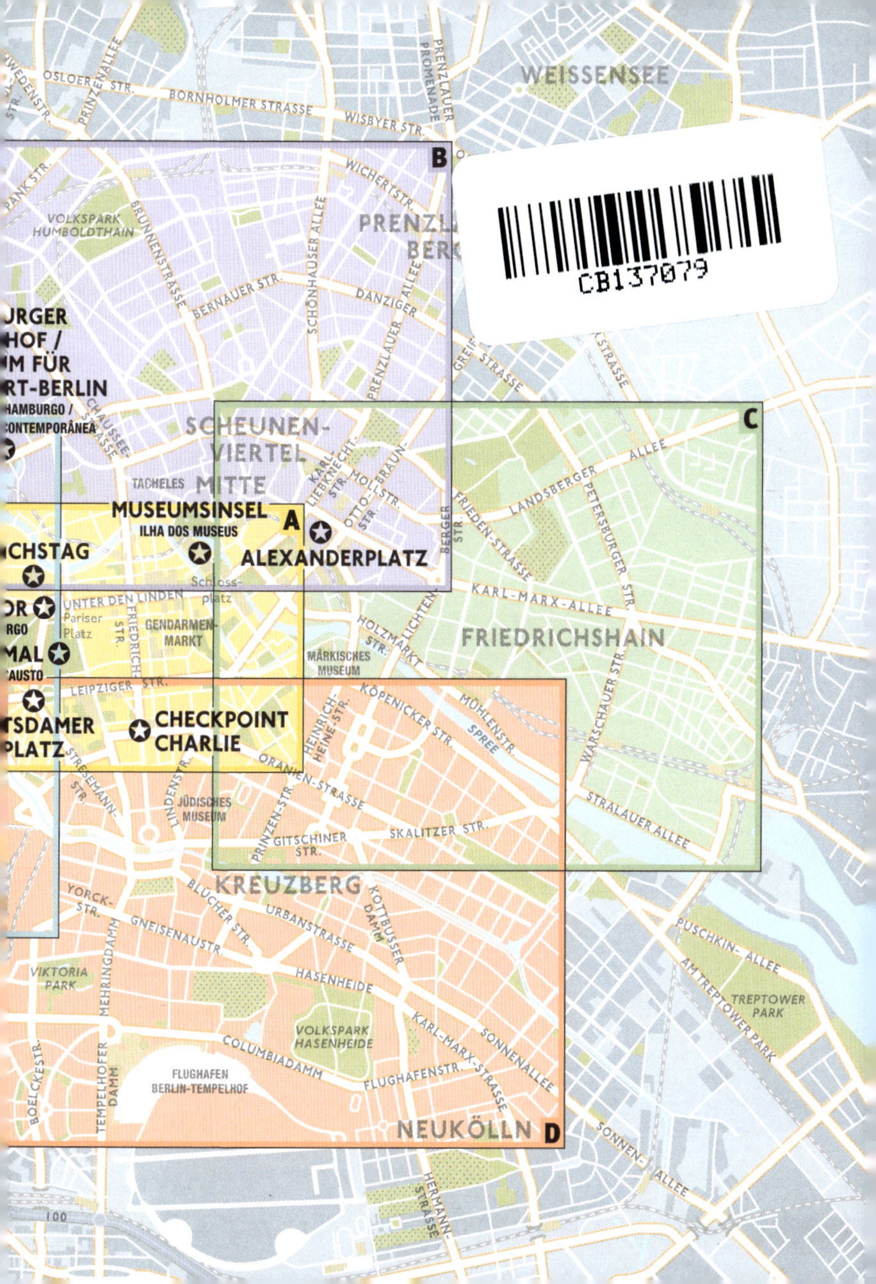
WEISSENSEE
OSLOER STR.
PRINZENALLEE
BORNHOLMER STRASSE
WISBYER STR.
PRENZLAUER PROMENADE
B
WICHERTSTR.
VOLKSPARK HUMBOLDTHAIN
BRUNNENSTRASSE
SCHÖNHAUSER ALLEE
BERNAUER STR.
DANZIGER
PRENZLAUER ALLEE
CHAUSSEE-STRASSE
SCHEUNEN-VIERTEL
MITTE
TACHELES
KARL-LIEBKNECHT-STR.
MOLLSTR.
OTTO-BRAUN-STR.
BERGER STR.
GREIFSWALDER STRASSE
C
LANDSBERGER ALLEE
PETERSBURGER STR.
FRIEDENSTRASSE
MUSEUMSINSEL
ILHA DOS MUSEUS
A
ALEXANDERPLATZ
Schlossplatz
UNTER DEN LINDEN
Pariser Platz
FRIEDRICHSTR.
GENDARMENMARKT
KARL-MARX-ALLEE
FRIEDRICHSHAIN
HOLZMARKTSTR.
LICHTENBERGER
MÄRKISCHES MUSEUM
LEIPZIGER STR.
CHECKPOINT CHARLIE
KÖPENICKER STR.
MÜHLENSTR.
SPREE
WARSCHAUER STR.
HEINRICH-HEINE-STR.
ORANIENSTRASSE
STRESEMANNSTR.
LINDENSTR.
JÜDISCHES MUSEUM
PRINZENSTR.
GITSCHINER STR.
SKALITZER STR.
STRALAUER ALLEE
KREUZBERG
YORCKSTR.
BLÜCHERSTR.
URBANSTRASSE
KOTTBUSSER DAMM
GNEISENAUSTR.
VIKTORIA PARK
MEHRINGDAMM
HASENHEIDE
VOLKSPARK HASENHEIDE
KARL-MARX-STRASSE
SONNENALLEE
PUSCHKINALLEE
AM TREPTOWER PARK
TREPTOWER PARK
COLUMBIADAMM
FLUGHAFENSTR.
FLUGHAFEN BERLIN-TEMPELHOF
BOELCKESTR.
TEMPELHOFER DAMM
NEUKÖLLN
D
SONNENALLEE
HERMANNSTRASSE
100

DATAS-CHAVE

1244 Primeira menção escrita da Berlim
1701 Capital do reino da Prússia, e depois do II Reich (1871-1918)
Noite de 9-10/nov/1938 Kristallnacht: incêndios e pogroms contra os judeus
Jun/1948-mai/1949 Bloqueio pela URSS
17/jun/1953 Levante operário em Berlim Oriental; fuga de moradores para Berlim Ocidental
1961-89 Muro de Berlim
3/out/1990 Reunificação
20/jun/1991 Volta a ser capital da Alemanha
1994 Partida dos Aliados
Abr/1999 Reichstag: sede do Parlamento alemão

VISTA DO MITTE A PARTIR DA FRANZÖSISCHER DOM

EAST SIDE GALLERY

ARQUITETURA

Medieval
Raros vestígios dessa época. **Nikolaikirche (C A2)**
Barroca
Estilo rebuscado que, no Norte, exibe uma certa simplicidade. **Unter den Linden (A D2)**
Rococó
Detalhes dourados e tons pastel sob Frederico II. **Schloss Sanssouci (Potsdam)**
Neoclássica
Inspirada na Antiguidade. Seu representante: Karl Friedrich Schinkel. **Altes Museum (A E1)**, **Neue Wache (A D2)**
Plano Hobrecht
Plano de expansão urbana (1862) baseado no modelo haussmaniano. **Savignyplatz (F D3)**
Estilo guilhermino (ou *Gründerzeit*)
Estilo excêntrico surgido com a criação do Império Alemão (1871). **Reichstag (E D2)**
Moderna
Criatividade desenfreada sob Weimar (década de 1920). Notadamente a Nova Objetividade e o movimento Bauhaus: abstração das formas e funcionalismo. **Shell-Haus (E C4)**
Socialista (depois de 1950)
Alamedas pomposas e edificações solenes. **Karl-Marx-Allee (C B2-E2)**
Contemporânea
Desde 1989, Berlim é o laboratório dos maiores arquitetos do mundo. **Potsdamer Platz (E D4)**, **Regierungsviertel (E C2-D3)**, bairro governamental, **Jüdisches Museum (D B1)**

Concertos de grandes orquestras internacionais.
Berlin Art Week
→ *1 sem www.berlinartweek.de*
Exposições, feira de arte.
Festival of Lights
→ *10 dias out www.festival-of-lights.de*
Shows de luz e concertos.
Novembro-dezembro
Jazz Fest Berlin (F E4)
→ *4 dias nov, Berliner Festspiele www.berlinerfestspiele.de*
Músicos de todo o mundo.
Weihnachtsmärkte
→ *www.weihnachteninberlin.de*
Mercados natalinos.
Nikolaus
→ *6 dez*
Dia de São Nicolau.
São Silvestre
→ *31 dez*
Lindos fogos de artifício.

ORÇAMENTO

Cartões de crédito
Nem sempre aceitos – leve dinheiro vivo. Caixas *(Geldautomat)* às vezes raros, a depender do bairro; mais comuns nas estações de metrô.
Orçamento
Um quarto: €75-80
Uma refeição, em geral com apenas um prato bem farto: €8-15
Um café: €1,50-2,50
Uma cerveja: €2-3,50
Entrada em museu: €6-12,50
Entrada em casa noturna: €6-15

ORIENTAÇÕES

Números de ruas
Em geral não há lados pares e ímpares. Os números se seguem na mesma calçada e então continuam do outro lado.
Glóssário
Bahnhof: estação; *Brücke*: ponte; *Gedenkstätte*: memorial; *Haus*: casa; *Hof*: pátio; *Kirche*: igreja; *Mauer*: muro; *Platz*: praça; *Strasse*: rua; *Tor*: porta/portão; *Viertel*: bairro.

HORÁRIOS

Há recesso no final do ano, em geral respeitado: 24-26 dez, 31 dez-1º jan.
Restaurantes
Em geral, 11h-23h (com frequência serviço contínuo)
É difícil jantar após as 23h.
Correio
→ *Tel 0228 4333 111*
Serviço garantido em quiosques e tabacarias.
Museus
Em geral, fecham seg (museus nacionais) ou ter, 24 dez e 31 dez-1º jan. Às vezes, abrem qui à noite (20h).
Lojas
Em geral, seg-sáb 10h-18h (pequenas), 10h-20h (maiores).
Vida noturna
As noites são longas e os bares funcionam até o último cliente.

PARA COMER

Refeições
Café da manhã (brunch)

BERLIM

PERFIL DA CIDADE

- Capital da Alemanha
- 3,5 milhões de habitantes
- 892km²
- 12 bairros *(Bezirke)*
- Símbolo: urso
- Clima: inverno frio e com neve (0°C), verão brando (17°C).

PONTOS DE REFERÊNCIA E TRAÇADO DO MURO

INTERNET

Berlim on-line
→ *www.visitberlin.de*
Site do Centro de Informação Turística.
→ *www.berlinonline.de*
Site com informações culturais, em alemão.

Pontos de internet
Spätis (spät = tarde)
→ *Em geral, diariam 10h-24h*
Em toda a cidade: telefone, internet (€1/h), xerox e mercado.

Wi-Fi/WLAN
Muito comum. Na maioria dos cafés e restaurantes.

INFORMAÇÕES TURÍSTICAS

Embaixada do Brasil em Berlim
→ *www.brasilianischebotschaft.de Tel (4930) 7262-8200, 7262-8120*

Berlin Tourist Info
Central telefônica
→ *Tel 030 25 00 23 33*
Seg-sex 9h-19h, sáb-dom 10h-18h (14h dom)
Brandenburger Tor (**A** B2)
→ *Pariser Platz Diariam 9h30-18h (19h verão)*
Flughafen Tegel
→ *Aeroporto, Portão A01 Diariam 8h-21h*
Hauptbahnhof (**B** A4)
→ *Europaplatz 1 Diariam 8h-22h*
Neues Kranzler Eck (**F** E3)
→ *Kurfürstendamm 22 Seg-sáb 9h30-20h*

TELEFONE

Brasil-Berlim
→ *00 + operadora + 49 (Alemanha) + 30 (Berlim) + nº*
Berlim-Brasil
→ *00 + 55 (Brasil) + cód. cidade (sem o zero) + nº*
Emergências
→ *Tel 112 (bombeiros); 110 (polícia)*

CALENDÁRIO

Feriados
→ *1º jan, Sexta-Feira Santa, seg de Páscoa, 1º mai, Ascensão, seg de Pentecostes, 3 out (festa nacional), 25-26 dez.*

Janeiro-fevereiro
Berlinale (**E** D4)
→ *10 dias fev, Potsdamer Platz www.berlinale.de*
Festival internacional de cinema de Berlim.

Março-abril
MaerzMusik (**F** E4)
→ *9 dias mar, Berliner Festspiele www.berlinerfestspiele.de*
Música contemporânea.
Festtage
→ *10 dias mar-abr, Staatsoper e Philharmonie www.staatsoper-berlin.de*
Óperas e concertos de música clássica.

Maio-junho
Maifeiertag (**D** D2)
→ *1º mai, Kottbusser Tor www.myfest36.de*
Alternativos e radicais.
Karneval der Kulturen (**D**)
→ *Pentecostes (sáb-dom), Kreuzberg www.karneval-berlin.de*
Desfiles multiculturais.
Christopher Street Day (**E** B3)
→ *Jun, Siegessäule csd-berlin.de*
Parada gay.

Julho-agosto
Classic Open Air (**A** D2)
→ *7 dias jul, Gendarmenmarkt www.classicopenair.de*
Concertos clássicos.
Berliner Bierfestival (**C** B2-E2)
→ *1º sáb-dom ago, Karl-Marx Allee www.bierfestival-berlin.de*
Festival de cerveja ao ar livre.
Tanz im August
→ *15 dias ago, vários teatros www.tanzimaugust.de*
Festival internacional de dança contemporânea.
Lange Nacht der Museen
→ *1 noite por ano, geralmente em ago, www.lange-nacht-der-museen.de*
Noites dos museus.

Setembro-outubro
Musikfest Berlin (**F** E4)
→ *18 dias set, Berliner Festspiele www.berlinerfestspiele.de*

Atrações imperdíveis

Os dez lugares que você não pode deixar de visitar

✪ Museumsinsel (**A** D1)
Esse agrupamento de cinco museus de arte tem um nome apropriado: ilha dos museus. As construções, frutos de um projeto visionário de Friedrich August Stüler, finalizado em 1930, revelam incomparável importância arquitetônica e cultural e abrigam coleções desde a Antiguidade até o séc. XIX. No local se encontram obras-primas, como o busto de *Nefertiti* (*c.* 1345 a.C.) e o altar de Pérgamo (*c.* 170 a.C.), entre outros.

✪ Checkpoint Charlie (**A** C4)
As filas de turistas que esperam pacientemente para receber um carimbo no passaporte e tirar uma foto diante da guarita reconstruída não deixam esquecer que, em outubro de 1961, o mundo inteiro olhava para essa famosa passagem entre Berlim Oriental e Berlim Ocidental. De fato, durante 48 horas, os tanques americanos e soviéticos ficaram frente a frente em uma demonstração de força que fez pairar sobre o mundo a ameaça de uma nova guerra.

✪ Hamburger Bahnhof / Museum für Gegenwart – Berlin (**B** A3)
Cerca de cem anos após ser desativada, a estação terminal da linha Berlim-Hamburgo, da companhia prussiana de estradas de ferro, finalmente reabriu suas portas. Atrás da fachada, iluminada à noite por uma instalação de néon de Dan Flavin, a arte contemporânea triunfa nesse imponente espaço composto de três naves. Os elementos históricos do prédio, associados à arquitetura moderna, oferecem um ambiente ideal para as coleções e exposições de vanguarda.

✪ Alexanderplatz (**C** B2)
Choque de estilos arquitetônicos, impressionantes perspectivas e atordoante efervescência: a "Alex", como é chamada pelos berlinenses, assume com propriedade seu papel de grande centro de atividades, onde ruas se cruzam e pessoas se encontram. No entanto, essa gigantesca esplanada fustigada por rajadas de vento não é exatamente lugar de passeio. Um acalorado debate opõe os que a protegem como relíquia do socialismo e aqueles que a consideram um erro de urbanismo.

✪ Reichstag (**E** D2)
Para reforçar o caráter democrático da Alemanha reunificada, a antiga sede do Parlamento Federal foi reformada em 1999: o arquiteto inglês Norman Foster o coroou com uma espetacular cúpula de vidro e aço, transformando o Bundestag em um espaço transparente, aberto ao olhar de todos.

✪ Brandenburger Tor (**E** D3)
Testemunha da movimentada história da cidade desde 1791, o Portão de Brandemburgo, com suas colunas dóricas encimadas pela Quadriga da Vitória, simboliza Berlim. Muito danificado durante a Segunda Guerra Mundial e depois inalcançável devido ao Muro, hoje ele domina a Pariser Platz, insuflando um sopro de renovação na Unter den Linden, a mais famosa avenida da cidade.

✪ Holocaust-Mahnmal (**E** D3)
A Alemanha faz questão de manter viva a lembrança da barbárie nazista em vários memoriais no centro da capital. O memorial dos judeus assassinados na Europa ergue uma floresta de estelas que parecem ter surgido da terra, apoiando-se na abstração e na perda de referências para "dizer" o indizível. Nas quatro salas de exposição sob esse labirinto, é possível medir todo o horror do caráter metódico, administrativo e industrial do extermínio dos judeus.

✪ Potsdamer Platz (**E** D4)
Em fevereiro de 1945, uma hora e meia de bombardeios dos Aliados foi o suficiente para destruir a praça de Potsdam, que representava o coração de Berlim durante os anos que separaram as duas Guerras Mundiais. Mais tarde, o Muro a dividiu, deixando a seu redor uma grande área urbana repleta de minas, cães de guarda e sistemas automáticos de tiro... Hoje, está ocupada pelos futuristas complexos de concreto e aço da Daimler-City, do Sony Center e do Beisheim Center, símbolos da renovação urbana de Berlim.

✪ Kurfürstendamm (**F** A4-E3)
Antes "calçada dos Príncipes-Eleitores", que levava do Castelo de Charlottenburg ao Pavilhão de Caça de Grunewald, depois mítico bairro dos anos 1920, a área do "Ku'Damm" se transformou no resplandecente centro da burguesia de Berlim Ocidental. A queda do Muro devolveu ao bairro sua localização afastada e lhe retirou um pouco do brilho, mas os restaurantes, cafés e lojas ainda atraem multidões, e a área continua exalando um charme peculiar.

✪ Charlottenburg (**F** A1)
Relativamente poupado pelos bombardeios das forças aliadas, o charmoso bairro de Charlottenburg é apreciado por seu ambiente de vilarejo, pelo castelo barroco e pelos museus e prédios do fim do séc. XIX. Agradável passeio entre pitorescas igrejas, praças animadas e jardins, da casa real às margens do rio Spree.

Informações práticas ⤴

BERLIM

Seu Guia Passo a Passo

Moderna e dinâmica, **multicultural** e democrática, cosmopolita e antenada, ecológica e **solidária**, monumental e excêntrica, a capital da Alemanha fascina. Claro, ela ainda carrega as cicatrizes deixadas por uma guerra apocalíptica e uma cortina de ferro que a dividiu durante cerca de 30 anos. Porém, mostrando cada vez mais audácia e vitalidade, Berlim desmistifica e colore suas mais dolorosas lembranças. Prova disso é o **Reichstag**, com sua surpreendente cúpula translúcida, ou o comovente labirinto de estelas em memória das vítimas do Holocausto... Nessa metrópole sem verdadeiro centro geográfico e permanentemente em obras, subsiste a impressão de que tudo é possível. Artistas e intelectuais afluem do mundo todo, atraídos pela natureza inacabada e pela energia lendária da cidade. Aos poucos, os bairros reconquistam o espaço: se no burguês **Charlottenburg** as memórias se acumulam, do **Mitte** até **Tiergarten** a arquitetura contemporânea cobre os antigos terrenos baldios. Após os competitivos anos 1990, **Prenzlauer Berg** amadureceu, mas ainda mantém sua alma boêmia. Em **Friedrichshain**, **Kreuzberg** e **Neukölln**, onde as noites são bem longas, a arte e a (multi)cultura se aproveitam das ruínas industriais. Com deslumbrantes museus ou galerias underground, música de câmara ou tecno, gastronomia ou Currywurst, elegantes casas de chá ou bares punks, templos das compras ou mercados de pulgas, sem esquecer os parques e lagos, Berlim tem como agradar a todos os gostos e orçamentos. Quem vai pela primeira vez já planeja voltar o quanto antes... Com **Seu Guia Passo a Passo**, a cidade se abre para você!

Bem-vindo a Berlim!

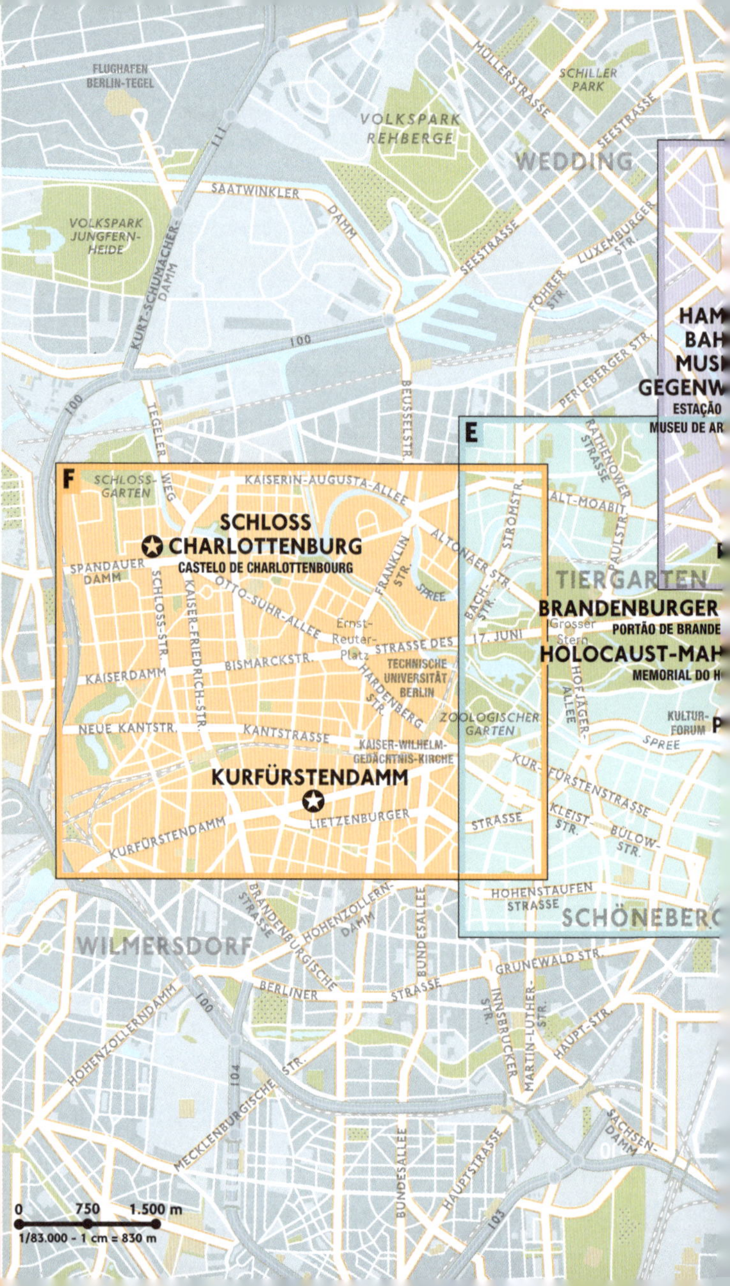

BERLINER DOM

HUMBOLDT-BOX

NEUES MUSEUM

A
Unter den Linden / Friedrichstadt / Museumsinsel

No coração da Berlim histórica (Mitte), as solenes fachadas "sob as tílias" (Unter den Linden) reúnem, da Museumsinsel à Pariser Platz, 200 anos de monumentalidade alemã. Depois de um desvio até o Palácio das Lágrimas (Tränenpalast), percorre-se de norte a sul a Friedrichstrasse, onde edifícios de concreto e vidro pós-reunificação circundam a barroca Gendarmenmarkt, em que prosperam lojas de luxo, bares e restaurantes chiques. No final da caminhada, encontram-se os guardas fictícios do Checkpoint Charlie. A alguns passos dali, a Topographie des Terrors relembra as páginas mais sombrias da história alemã.

STÄNDIGE VERTRETUNG/STÄV

BOCCA DI BACCO

IMBISS, RESTAURANTES

Ständige Vertretung/ StäV (**A** C1)
→ *Schiffbauerdamm 8*
Tel 030 282 39 65
Diariam 10h-0h45
Cartazes e fotos de políticos lembram o engajamento social desta *Kneipe* à beira do rio Spree, ao lado do bairro governamental. Diante de grandes mesas, é possível saborear especialidades da culinária da Renânia e beber uma Kölsch (cerveja produzida em Colônia). Prato €7,90-17,90.

Samâdhi (**A** B2)
→ *Wilhelmstrasse 77*
Tel 030 22 48 88 50
Diariam 12h-23h
Fina cozinha vegetariana oriental a preços baixos. Pratos "preparados com ingredientes frescos, com amor e sem estresse". Prato €9-13.

Maximilian's (**A** C3)
→ *Friedrichstrasse 185-190*
Tel 030 20 45 05 59
Diariam 11h-24h
De uniforme tradicional azul e branco, os garçons andam agitados por essa cervejaria bávara, levando bandejas com imensas canecas e porções de Kartoffelsalat (salada de batata). Prato €10-14.

Bocca di Bacco (**A** C2)
→ *Friedrichstrasse 167-168*
Tel 030 20 67 28 28
Diariam 12h (18h dom)-24h
Tagliatelle com hortelã e pecorino, filé de peixe-escorpião e outras refinadas especialidades italianas em um salão bem iluminado. Prato €14-34.

Lutter & Wegner Gendarmenmarkt (**A** D3)
→ *Charlottenstrasse 56*
Tel 030 202 95 40 Diariam 11h-2h (cozinha 12h-24h)
Com o melhor da gastronomia alemã e austríaca, e vista para a Gendarmenmarkt, essa ilustre cervejaria exibe obras de arte. Prato €14,50-28.

Vau (**A** D2)
→ *Jägerstrasse 54-55*
Tel 030 202 97 30
Seg-sáb 12h-14h30, 19h-22h30 Reservas
www.vau-berlin.de
Kolja Kleberg exprime toda a sua criatividade em pratos com legumes de inspiração francesa e oferece a possibilidade de o cliente compor o próprio menu. Menu €65-85; jantar com 6 pratos €120.

CASA DE CHÁ, CAFÉS

Zimt & Zucker (**A** B1)
→ *Schiffbauerdamm 12*

PASSEIOS

Gratuitos, em alemão
→ *Disponíveis em bares, lojas de discos, clubes etc.*
[030]: quinzenal; *Siegessäule*: mensal, para o público gay, em alemão

COMPRAS

Há vários centros comerciais. As pequenas lojas são menos visíveis, muitas vezes alternativas.

Centros comerciais

Kaufhof (**C** B2)
→ *Alexanderplatz 9*
Tel 030 24 74 30 Seg-sáb 9h30-20h (22h qui, sáb)

Potsdamer Platz Arkaden (**E** D4)
→ *Alte Potsdamer Strasse 7*
Tel 030 255 92 70
Seg-sáb 10h-21h, dom 13h-18h (1º dom/ano)

Lojas

Moda e design
Nos arredores da Fasanenstrasse (**F** E3-E4), da Hackescher Markt (**B** D4) e da Friedrichstrasse (**A** C1-C4).

Brechós
Oderberger Str. (**B** E2) e Bergmannstrasse (**D** B3)

Música
Wühlischstrasse (**C** F3), Oranienstrasse (**D** D1-E2) e Bergmannstrasse (**D** B3).

Antiguidades
Suarezstrasse (**F** B3), Keithstrasse (**E** A4) e Goltzstrasse (**E** B6).

Mercados de pulgas

Berliner Trödelmarkt (**F** E2)
→ *Strasse des 17. Juni*
Sáb-dom 10h-17h
Os mais conhecidos.

Trödelmarkt Boxhagener Platz (**C** F3)
→ *Dom 10h-18h*
Os mais originais.

Trödelmarkt am Arkonaplatz (**B** D2)
→ *Dom 10h-16h*
Os mercados da moda.

Flohmarkt am Mauerpark (**B** C2-D2)
→ *Bernauer Strasse 63-64*
Dom 9h-17h
Os mais ecléticos.

BERLIM ALTERNATIVA

De ônibus

Linhas 100 e 200
De Zoologischer Garten a Alexanderplatz, de Prenzlauerberg a Potsdamer Pl. A cada 10min
Principais monumentos.

De barco

Reederei Riedel
→ *Tel 030 693 46 46 Mar-dez: diariam a partir das 9h30 www.reederei-riedel.de*
No rio Spree e nos canais.

Ao longo do Muro

Mauerweg
→ *www.berlin.de/mauer/mauerweg/index/index.fr.php*
Itinerário para bicicletas e pedestres (160km) na antiga fronteira.

Subterrânea

Berliner Unterwelten (**B** C1)
→ *Brunnenstrasse 105*
Tel 030 49 91 05 17
www.berliner-unterwelten.de
Bunkers e outras construções históricas.

PASSEIOS

Stasi-Museum
→ *Ruschestrasse 103, Haus 1 U-5 Magdalenenstrasse*
Tel 030 553 68 54 Diariam 10h (12h sáb-dom)-18h
Museu da polícia secreta da Alemanha Oriental.

Gedenkstätte Hohenschönhausen
→ *Genslerstrasse 66 M-5 Freienwalder Strasse*
Tel 030 98 60 82 30
***Visitas guiadas** Verão: diariam 11h30 e 14h30; inverno: diariam 14h30*
Ex-prisioneiros conduzem a visita guiada em inglês à prisão da Stasi.

Treptower Park
→ *S-8, S-9, S-41, S-42 Treptower Park*
O grande parque do lado oriental. Impressionante monumento aos soldados soviéticos (1939-45).

Dahlem
→ *U-3 Dahlem Dorf*
Jardins botânicos e museu de etnologia, perto da estação de U-Bahn.

Brücke-Museum
→ *Bussardsteig 9 Ônibus 115, parada Pücklerstraße*
Tel 030 831 20 29
Qua-seg 11h-17h
Pinturas do movimento Die Brücke.

Pfaueninsel
→ *S-1, S-7 Wannsee*
A "Ilha do Pavão" com seu castelo prussiano, no lago Wannsee.

Potsdam
→ *S-7 Potsdam Hbf*
Bairro holandês barroco do séc. XVIII. Estúdios de cinema em Babelsberg.

Schloss Sanssouci
→ *Tel 0331 969 41 90*
Ter-dom 10h-18h (17h nov-mar)
O Versailles rococó de Frederico, o Grande.

ALEXANDERPLATZ

HAMBURGER BAHNHOF

BRANDENBURGER TOR

CHECKPOINT CHARLIE

POTSDAMER PLATZ

MUSEUMSINSEL

Informações práticas

◀ Mapa E

UNTER DEN LINDEN

TRÄNENPALAST

GENDARMENMARKT

★ **Berliner Dom** (**A** E1)
→ *Am Lustgarten*
Tel 030 20 26 91 36
Abr-set: diariam 9h (12h dom)-20h; out-mar: diariam 9h (12h dom)-19h
Reconstruída em 1905 em estilo neobarroco, a catedral protestante abriga, sob o luxo de sua nave, 95 sepulturas dos Hohenzollern feitas por Andreas Schlüter. Formidáveis concertos de órgão Sauer.

★ **Humboldt-Box** (**A** E2)
→ *Schlossplatz 5*
Tel 018 05 03 07 07
Nov-mar: diariam 10h-18h; abr-out: diariam 10h-19h
No local onde ficava o Berlinerschloss se destaca essa "caixa azul" provisória, à espera da construção do Humboldt-Forum. No piso térreo, a história do castelo da dinastia Hohenzollern, destruído em 1950, e do Palácio da República (1976), demolido após a queda do Muro; nos andares superiores, parte das coleções etnológicas e asiáticas que serão abrigadas no novo edifício.

★ **Museumsinsel** (**A** D1)
→ *Tel 030 20 90 55 77*
Diariam 10h-18h (20h qui)
Um conjunto excepcional de museus considerado patrimônio mundial (1828-1930).

Altes Museum (**A** E1)
O grandioso edifício (1828) de Schinkel, que lembra um templo grego, abriga uma das mais belas coleções antigas do mundo.

Neues Museum (**A** E1)
Coleções pré e proto-históricas e um esplêndido museu egípcio cuja estrela é Nefertiti (1370-1330 a.C.).

Alte Nationalgalerie (**A** E1)
Todas as correntes artísticas do séc. XIX representadas pelos maiores nomes alemães e europeus (Blechen, Von Menzel, Manet).

Pergamonmuseum (**A** D1)
→ *Fechado até 2019 para reforma da sala do altar de Pérgamo, da ala norte e da galeria helenística*
Para admirar, entre outros, o colossal Altar de Pérgamo (c. 170 a.C.) e o Portal de Ishtar (Babilônia, séc. VI a.C.), além do esplêndido museu de arte islâmica.

Bode Museum (**A** D1)
Encimado por uma cúpula impressionante, o edifício neobarroco (1904) abriga fabulosas coleções de arte bizantina, escultura europeia e numismática.

★ **Deutsches Historisches Museum** (**A** D2)
→ *Unter den Linden 2 Tel 030 20 30 44 44 Diariam 10h-18h*
A Zeughaus (arsenal), obra-prima barroca de 1706, e sua ala projetada por Pei (2004) abrigam o envolvente Museu da História Alemã

SIEGESSÄULE

OSTALGIE

POTSDAMER PLATZ

O MURO

- 12/ago/1961, início da construção do Muro
- 155km de extensão, 3,6m de altura, 300 mirantes
- 1961-89, mais de 387 pessoas são mortas por tentar atravessar o Muro
- 9/nov/1989, queda do Muro

Os vestígios do Muro

Bernauer Strasse (B C2)
Fragmento e monumento.

Potsdamer Platz (E D4)
Fragmentos.

Brandenburger Tor (A C2)
Materialização por paralelepípedos vermelhos até o Checkpoint Charlie.

East Side Gallery (C D4)
Galeria e fragmentos.

9h-15h, almoço 12h-15h, jantar 18h-22h.

Hábitos
Café da manhã *(Frühstück)* farto com pequenos pães *(Brötchen)* com geleia, queijo e embutidos. Refeição leve ou lanche ao meio-dia e jantar consistente.

Restaurantes

Imbiss
Vans, balcões ou pequenos restaurantes servem a toda hora Currywursts, Döner kebabs, falafels, pizzas etc., a preços baixos. Na Markthalle IX (**D** F1), *Eisenbahnstrasse 42-43*, há mercado, barracas e pequenas mesas para comer calmamente.

Biergarten
No verão, os jardins com grandes mesas e bancos de madeira são ponto de encontro. Perfeitos para uma boa cerveja com salsicha: ambiente sociável e tipicamente alemão.

Kneipe
Tabernas que servem bebidas, sanduíches, refeições leves ou mais elaboradas.

Especialidades
Currywurst: salsicha ao curry com ketchup; *Bulette*: almôndega de carne condimentada; *Eisbein auf Sauerkraut*: joelho de porco com chucrute; *Berliner Weisse*: cerveja branca com xarope de framboesa

Serviço
É costume dar gorjeta arredondando a conta (não deixe dinheiro sobre a mesa).

VISITAS

Museumspass
À venda em todos os os museus integrantes
Tarifa €24 (reduzida €12)
Passe não nominal válido por 3 dias, para 50 museus.

Informações
→ *www.museumsportal-berlin.de*
Todos os museus.
→ *www.smb.museum*
Museus nacionais.

Visitas guiadas

Berlin & More
→ *Tel 030 62 98 52 38*
www.berlinandmore.com
A cidade de A a Z.

Berlin on Bike (B E2)
→ *Knaackstrasse 97*
Tel 030 43 73 99 99
www.berlinonbike.de
Visitas temáticas de bicicleta.

Walk Berlin (C E1)
→ *Heidenfeldstrasse 2*
Tel 176 55 43 67 04 Sex-dom
Reserve www.walkberlin.com
Visitas guiadas em francês conduzidas por um historiador radicado em Berlim.

VIDA NOTURNA

Muitos bares, *Kneipen*, *Biergarten*, clubes, centros culturais e boates de todos os tipos. Grande tolerância quanto ao visual: moderno, clássico, radical, tudo é permitido. A entrada às vezes é gratuita antes das 23h ou 24h.

Reservas de espetáculos
As grandes salas (Deutsche Oper, Philharmonie etc.) muitas vezes têm ingressos esgotados com meses de antecedência.

Hekticket (F E3)
→ *Hardenbergstrasse 29d*
Tel 030 230 99 30
Seg-sáb 10h-20h, dom 14h-18h www.hekticket.de
→ Ingressos para todos os espetáculos. De última hora, com até 50% de desconto *(diariam 14h-19h)*.

Abendkasse
No próprio dia, no local 1h antes do espetáculo
Reabertura dos guichês e inscrição na lista de espera, até a liberação de reservas não retiradas, 30 minutos antes do espetáculo.

Programação

Em quiosques
Tip e *Zitty*: quinzenal, em alemão; *Berlin Poche*: mensal, em francês; *Exberliner*: mensal, em inglês.

HACKESCHE HÖFE

STILL HELDEN / OTTO WEIDT

SOPHIENSTRASSE

Após a reunificação, o Scheunenviertel (bairro das granjas), com seus bares, pequenas lojas, mercados e muros recobertos de street art, a norte do Mitte, tornou-se o centro da boemia chique. É difícil imaginar que, por trás das fachadas de estuque restauradas, as mais sórdidas *Mietskasernen* abrigavam antes da guerra aquela que era considerada a "ralé". O mesmo fenômeno dá-se mais ao norte, em Prenzlauer Berg: artistas locais ou de outros lugares e jovens famílias colonizaram ruas e prédios recém-reformados desse antigo reduto alternativo; bares e centros culturais recebem a juventude que busca as últimas tendências.

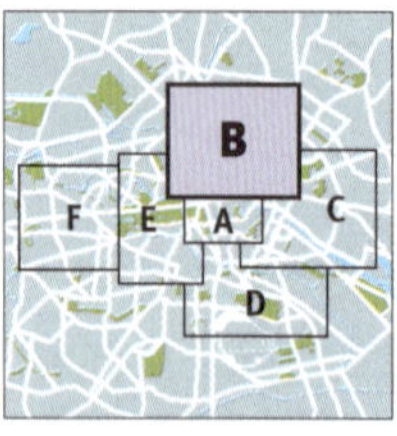

KONNOPKE'S IMBISS

OXYMORON

IMBISS, RESTAURANTES

Konnopke's Imbiss (**B** E2)
→ *Schönhauser Allee 44b Tel 030 442 77 65 Seg-sáb 9h (11h30 sáb)-20h*
A mais antiga *Currywurst* da cidade é dirigida pela mesma família desde os anos 1930. Prato €1,70-4.

Gorki Park (**B** D3)
→ *Weinbergsweg 25 Tel 030 448 72 86 Diariam 9h-1h (3h sáb-dom)*
Especialidades russas em um ambiente charmoso: blinis orgânicos ou, mais substancioso, o famoso borscht. Prato €5-14.

Beth Café (**B** C4)
→ *Tucholskystrasse 40 Tel 030 281 31 35 Seg-sex 11h-20h (15h sex)*
Para refeições kosher perto da sinagoga. Prato €5,50-10.

Restauration Tucholsky (**B** C3)
→ *Torstrasse 189 Tel 030 281 73 49 Diariam 12h-24h*
Lugar espaçoso com pratos berlinenses tradicionais, como o hambúrguer schnitzel e o obrigatório apfelstrudel caseiro. Terraço no verão. Prato €10-15.

Oxymoron (**B** D4)
→ *Rosenthaler Str. 40-41, Hof 1 Tel 030 28 39 18 86 Verão: diariam 8h-24h; inverno: diariam 10h-24h*
Sob os opulentos lustres e as arcadas mouriscas de uma sala de concertos dos anos 1920, uma saborosa viagem culinária pela Europa. Prato €11-26.

Lucky Leek (**B** E2)
→ *Kollwitzstrasse 54 Tel 030 66 40 87 10 Qua-dom a partir de 18h*
Gourmet e vegetariana, uma cozinha copiosa que sempre lança mão de ingredientes da estação – por exemplo, em combinações de mandioquinha com castanha ou de ameixa com cebolinha. Menu 5 pratos €48; prato €17.

BIERGARTEN

Prater (**B** E2)
→ *Kastanienallee 7-9 Tel 030 448 56 88 Abr-set: diariam 12h-24h* ***Restaurante*** *Diariam 18h (12h dom)-24h*
Agradável *Biergarten* sob os plátanos de um pátio tranquilo. Tem também um anexo da Volksbühne e um *Gastätte* (restaurante) com decoração rústica e boa cozinha alemã.

CAFÉS, CLUBES

Nemo (**B** E2)
→ *Oderberger Strasse 46 Tel 030 448 19 59 Diariam 18h-último cliente*

PERGAMONMUSEUM

HISTORISCHES MUSEUM

BEBELPLATZ

BERLINER ENSEMBLE

KUNSTMARKT

ACH BERLIN

Tel 030 81 01 08 58
Diariam 9h30-21h
Aconchegue-se perto do piano nesse café de inspiração da década de 1920. Os românticos vão tomar seu café da manhã ou saborear um prato quente. No terraço, pode-se apreciar a linda vista do pôr do sol no rio Spree.

Schokoladen-Café (**A** D3)
→ *Charlottenstrasse 60*
Tel 030 20 45 84 40
Diariam 11h-20h
O reino de cacau: chocolate quente, bolos deliciosos e até mesmo pratos salgados (ao chocolate!) no menu de meio-dia.

taz.café (**A** D4)
→ *Rudi-Dutschke-Strasse 23*
Tel 030 25 90 21 64
Seg-sex 8h-20h
O café do jornal *Tageszeitung*, onde você pode ler as notícias, almoçar ou beber um café sentado em uma poltrona-ovo!

TEATROS, ÓPERAS

Berliner Ensemble (**A** C1)
→ *Bertolt-Brecht-Platz 1*
Tel 030 28 40 81 55
***Bilheteria** Seg-sex 8h-18h, sáb-dom 11h-18h; e 1h antes do início do espetáculo*
www.berliner-ensemble.de
O teatro de Bertolt Brecht e, depois, de Heiner Müller é dirigido por Claus Peymann. Encenação de obras dos mestres e de autores contemporâneos.

Admiralspalast (**A** C1)
→ *Friedrichstrasse 101*
Tel 030 47 99 74 99
***Bilheteria** Seg-sex 11h-18h, sáb-dom 11h-17h; e 2h antes do início do espetáculo*
www.admiralspalast.de
Musicais, concertos e variedades compõem o programa desse teatro (2006) instalado em termas do fim do séc. XIX. Há também um café e um clube.

Komische Oper Berlin (**A** C2)
→ *Behrenstrasse 55-57*
Tel 030 47 99 74 00 www.komische-oper-berlin.de
***Bilheteria** Unter den Linden 41 Seg-sáb 11h-19h, dom 13h-16h; e 1h antes do início do espetáculo*
Uma ópera para todos: grandes clássicos satíricos e obras encenadas em alemão.

Staatsoper (**A** D2)
→ *Unter den Linden 7 Fechado*
www.staatsoper-berlin.de
Até que a Staatsoper reabra, o Teatro Schiller (**F** D2) acolhe as produções da Ópera Estatal alemã, uma das mais prestigiosas do mundo.

Konzerthaus (**A** D3)
→ *Gendarmenmarkt 2*
Tel 030 203 09 21 01
***Bilheteria** Seg-sáb 12h-19h, dom 12h-16h; e 1h antes do início do espetáculo*
www.konzerthaus.de
Sob os lustres da sala construída por Schinkel, uma acústica maravilhosa para a aclamada Konzerthausorchester.

COMPRAS

Bürgelhaus (**A** C2)
→ *Friedrichstrasse 154*
Tel 030 20 45 26 95
Seg-sáb 10h-20h
É em Bürgel, na Turíngia, que são feitas as cerâmicas e as demais peças à venda nessa loja. Entre os destaques, marionetes de madeira, móbiles e louças azuis de encher os olhos.

Dussmann das Kultur-Kaufhaus (**A** C2)
→ *Friedrichstrasse 90*
Tel 030 20 25 11 11
Seg-sáb 9h-24h (23h30 sáb)
Grande loja cultural com vastas opções de discos, livros e vídeos em alemão, além de uma seleção de livros em línguas estrangeiras.

Kunstmarkt (**A** D1)
→ *Am Zeughaus 1-2 Sáb-dom 11h-17h, dom 10h-16h*
Todo fim de semana, entre a Zeughaus e a Museumsinsel, quadros e criações são expostos ao ar livre. Aos domingos, o Nostalgiemarkt situado em Kupfergraben (**A** D1) atrai os fãs de objetos usados e antiguidades.

Ach Berlin (**A** D2)
→ *Markgrafenstrasse 39*
Tel 030 92 12 68 80
Seg-sáb 10h-19h
Lembranças com a imagem de Berlim mesclando originalidade e o ar dos novos tempos: camisetas, bolsas, pôsteres, pratos...

Quartier 206/ Quartier 207 (**A** C3)
→ *Friedrichstrasse 71-78*
Seg-sáb 10h-18h
Galerias ladrilhadas, labirinto de escadas e piano-bar no saguão do suntuoso centro comercial Quartier 206. As passagens ligam as lojas no subsolo ao elegante Quartier 207 de Jean Nouvel, ocupado pelas Galeries Lafayette.

Fundus Verkauf (**A** C4)
→ *Mauerstrasse 81-82/Zimmerstrasse 90 Tel 030 20 45 02 03 Diariam 11h-19h*
Essa incrível loja lembra os bastidores de um teatro. Uma miscelânea de fantasias, móveis e acessórios oriundos dos palcos de óperas e também de produções para a televisão.

VOLKSBÜHNE

ERFINDERLADEN

AMPELMANN

O Capitão Nemo continua em forma após a queda do Muro. Conversas cruzadas e muitas risadas: um ambiente agitado e alegre, para o qual colaboram as pinturas de gibi e o labirinto de mesas de diversos formatos.

Anna Blume (**B** F2)
→ *Kollwitzstrasse 83 Tel 030 44 04 87 49 Diariam 8h-2h*
Floricultura? Não só! Esse poético e muito apreciado *Kaffee und Kuchen* oferece tortas e bolos caseiros, café da manhã e, a partir das 11h, pratos que mudam toda semana. Agradável sala com banquetas vermelhas e terraço.

Schwarze Pumpe (**B** D3)
→ *Choriner Strasse 76 Tel 030 449 69 39 Diariam 10h-1h*
No coração do LSD Viertel, essa *Kneipe* tirou seu nome da bomba de petróleo que reina na sala. Grandes mesas de madeira onde os estudantes do bairro partilham o café da manhã ou leem sossegados; à noite, jogam cartas.

Kunstfabrik Schlot (**B** C3)
→ *Invalidenstrasse 117
Tel 030 448 21 60
Diariam 20h30 (19h30 ter)-1h após o fim do show
www.kunstfabrik-schlot.de*
No subsolo dessa "fábrica de arte" com ambiente de jazz, um pequeno palco recebe músicos do momento. Improvisos teatrais às terças e leituras aos domingos.

Zosch (**B** C4)
→ *Tucholskystrasse 30
Tel 030 280 76 64 Jun-ago: diariam 12h-último cliente; set-mai: diariam 16h-último cliente www.zosch-berlin.de*
Esse café-restaurante fica numa antiga padaria da ex-Alemanha Oriental: pratos simples e sala de concertos no fundo (jazz às qua-qui e rock, reggae e jam sáb-dom).

Strandbar Mitte (**B** C4)
→ *Monbijoustrasse 3
Tel 030 28 38 55 88 Abr-set: diariam a partir de 10h*
À margem do Spree, o terraço desse bar convida, em dias de tempo bom, a dançar o tango, a salsa, o swing, a kizomba. Ou, simplesmente, a admirar a paisagem tomando uma cerveja.

TEATRO, CENTRO CULTURAL

Volksbühne (**B** E3)
→ *Rosa-Luxemburg-Platz
Tel 030 24 06 57 77
Bilheteria Diariam 12h-18h; e 1h antes do início do espetáculo www.volksbuehne-berlin.de*
Teatro oficial da antiga RDA, "A Cena do Povo" permanece muito engajada. Peças, concertos, leituras, filmes... E também o Grüner Salon e o Roter Salon (danças de salão, shows eletro, ska...), que no fim de semana se transformam em clubes.

Acud (**B** D3)
→ *Veteranenstrasse 21
Tel 030 449 10 67
www.acud.de*
Esse centro cultural foi salvo pelos moradores do bairro. Arte e música em todos os andares: teatro, cinema de arte e experimental, galeria e shows de reggae, hip-hop ou bossa nova.

COMPRAS

Hacker (**B** F1)
→ *Stargarder Strasse 69
Tel 030 445 51 73 Ter-sex 7h-18h30, sáb 6h-14h*
Pães com canela e guloseimas cobertas de açúcar são os destaques de uma das últimas padarias de verdade de Berlim. A estrela é o Splitterbrötchen, pão doce típico da cidade.

Tausche (**B** E1)
→ *Raumerstrasse 8
Tel 030 40 30 17 70
Seg-sáb 10h-20h (18h sáb)*
Bolsas com tamanhos e estampas intercambiáveis. As coleções mudam regularmente.

Erfinderladen (**B** E2)
→ *Lychener Strasse 8
Tel 030 54 71 33 06
Seg-sáb 11h-20h*
Eis uma loja para os amantes de gadgets e artigos incomuns! Almofadas especiais para escritórios, sprays antimonstro e jogos inovadores são alguns dos artigos desse verdadeiro baú do tesouro para os fãs de invenções.

Weinerei (**B** D3)
→ *Veteranenstrasse 14
Tel 030 440 69 83
Seg-sáb 13h (11h sáb)-20h*
Mil e um vinhos selecionados por um experiente sommelier.

Ute Köhnen – Schmuck (**B** D3)
→ *Linienstrasse 215
Tel 030 27 59 40 34
Ter-sáb 12h-19h (16h sáb)*
Butique em que se encontram as criações de talentosas designers de joias.

Ampelmann (**B** D4)
→ *Rosenthaler Strasse 40-41, Hof 5 Tel 030 44 72 64 38 Seg-sáb 9h30-21h (22h sex- sáb), dom 10h30-19h*
Os pequenos pedestres dos sinais de trânsito luminosos da antiga Alemanha Oriental: símbolo que na Ampelmann se reproduz de todos os modos, dos macarrões aos penhoares.

NEUE SYNAGOGE

KW

CHECKPOINT CHARLIE

TOPOGRAPHIE DES TERRORS

★ **Bebelplatz** (**A** D2)
Rodeada por prédios como a Staatsoper (1743), a Catedral de Santa Edwiges (1773), a Antiga Biblioteca Real (1780) e a Universidade Humboldt (1766), essa praça se inscreve no sonho de Frederico II de erguer um grande Fórum. Embaixo, as prateleiras vazias de uma biblioteca (1994), obra de Micha Ullmann, lembram o grande auto de fé nazista de 10 de maio de 1933.

★ **Unter den Linden** (**A** C2)
Com ornamentações barrocas (Zeughaus), colunatas clássicas (Staatsoper, Humboldt Universität), pilastras neoclássicas (Kronprinzenpalais, Altes Palais) e um pórtico dórico (Neue Wache), essa avenida faz as honras à estátua equestre de Frederico, o Grande (1851), a leste.

★ **Tränenpalast** (**A** C1)
→ *Reichstagufer 17*
Tel 030 46 77 77 90 Ter-sex 9h-19h, sáb-dom 10h-18h
O Palácio das Lágrimas era um local de rompimentos: funcionava como um posto de fronteira entre as Alemanhas Ocidental e Oriental. No museu, vídeos e fotos recontam a história da divisão em dois países.

★ **Gendarmenmarkt** (**A** D2)
→ *Französische Strasse Tel 030 20 64 99 22* ***Französischer Dom*** *Ter-dom 12h-17h*
Torre *Diariam 10h-19h*
Praça de simetria perfeita: de um lado e de outro da graciosa Konzerthaus (1821) de Schinkel, duas cúpulas gêmeas assinalam as igrejas edificadas pelos calvinistas franceses (Französischer Dom, 1705) e pelos luteranos alemães (Deutscher Dom, 1708).

★ **Checkpoint Charlie** (**A** C4)
→ ***Haus am Checkpoint Charlie*** *Friedrichstrasse 43-45 Tel 030 253 72 50 Diariam 9h-22h*
No ponto de passagem entre os antigos setores americano e soviético, a reconstituição do célebre posto de fronteira que funcionou entre 1961 e 1990. No lado dos aliados, um museu apresenta uma visão bem-humorada da história do Muro; no russo, exibe-se a cronologia dos fatos.

★ **Topographie des Terrors** (**A** B4)
→ *Niederkirchnerstrasse 8*
Tel 030 25 45 09 50
Diariam 10h-20h
Em 1987, foram descobertas fundações subterrâneas no terreno baldio onde até 1945 ficavam os quartéis-generais da Gestapo e das SS. Hoje o local abriga uma exposição de grande apelo visual que mostra todo o horror do nazismo.

BRECHT-WEIGEL GEDENKSTÄTTE

MUSEUM FÜR NATURKUNDE

HAMBURGER BAHNHOF / MUSEU

★ **Hackesche Höfe** (**B** D4)
→ *Rosenthaler Strasse 41 / Sophienstrasse 6*
As fachadas projetadas em 1906 por Kurt Berndt e August Endell, na linha da Sezession, fazem desse labirinto de pátios interiores uma obra-prima do Jugendstil: azulejos de cerâmica, cores vivas, jogos de curvas e figuras geométricas. Eles abrigam cafés, cinema, teatro, lojas, galerias etc.

★ **Gedenkstätte Stille Helden / Museum Blindenwerkstatt Otto Weidt** (**B** D4)
→ *Rosenthaler Strasse 39*
Tel 030 28 59 94 07
Diariam 10h-20h
Nas *Mietskaserne*, o memorial Stille Helden relembra, por meio de fotos e testemunhos, os alemães que tiveram a coragem de ajudar os judeus perseguidos pelos nazistas. No fundo do pátio, a oficina de escovas em que Otto Weidt tentou ajudar seus empregados judeus deficientes visuais a escapar da deportação. O pequeno esconderijo permaneceu como era na época.

★ **Sophienstrasse** (**B** D4)
Pequena rua típica dos sécs. XVIII e XIX: por trás das fachadas restauradas, uma sucessão de pátios de tijolos. No nº 18 há um pórtico neorrenascentista de argila da Casa dos Artesãos, local importante na história comunista. Nas imediações, o campanário barroco da Sophienkirche (1712-34).

★ **Neue Synagoge** (**B** C4)
→ *Oranienburger Strasse 28-30 Tel 030 88 02 83 16*
Verão: dom-sex 10h-18h (19h dom); inverno: dom-sex 10h-18h (15h sex) Domo fecha no inverno
Esse domo bizantino que cintila ao sol é o da Grande Sinagoga (1866), que foi incendiada na Noite de Cristal e depois bombardeada. Atrás dos arcos mouriscos da fachada refeita em 1995 há um museu sobre o papel dos judeus em Berlim.

★ **KW** (**B** C3)
→ *Auguststrasse 69*
Tel 030 243 45 90
Qua-seg 12h-19h (21h qui)
Espaço para exposições e ateliês de artistas, o KW Institute for Contemporary Art promove a criação artística e cultural na Alemanha e no exterior. Toda primavera, desde 1966, abriga a bienal de arte contemporânea de Berlim.

★ **Brecht-Weigel Gedenkstätte** (**B** B3)
→ *Chausseestrasse 125 Tel 030 200 57 18 44* ***Visita guiada*** *Ter 10h-11h30, 14h-15h30; qua 10h-11h30; qui 10h-11h30, 17h-18h30; sex 10h30-11h30; sáb 10h-12h, 13h-15h30 (a cada 30min); dom 11h-18h (a cada 1h*

◀ Mapa A/E

MÄRKISCHES MUSEUM

NIKOLAIVIERTEL

MARX-ENGELS-FORUM

Estandarte da ex-RDA, a torre de televisão de 368m domina um caleidoscópio arquitetônico, reflexo das sucessivas orientações do regime: as grandes perspectivas da Karl-Marx-Allee stalinista, os edifícios modernistas da Alexanderplatz e, nas adjacências, a imponente Rathaus, de tijolos vermelhos, e as tendas de comércio do bairro de Nikolaiviertel. A leste, as fachadas matizadas dos *squats* da Friedrichshain foram cercadas por bares e casas noturnas mais ou menos alternativos. Os arredores da Boxhagener Platz, um dos bastiões da cena berlinense, atraem a boemia chique, com suas pequenas lojas e seus cafés simpáticos.

BÜRGERMEISTER

ZUR LETZTEN INSTANZ

RESTAURANTES

Bürgermeister (**C** D4)
→ *Oberbaumstrasse 8*
Diariam 11h-3h
(4h sex-sáb)
Sob os trilhos do U-Bahn, prove hambúrgueres ao chili ou vegetarianos, preparados em antigos banheiros públicos convertidos em cozinha! Caixas de cerveja fazem as vezes de mesas. Hambúrguer €3,80-6,50.

Primaria (**C** F3)
→ *Gärtnerstrasse 12*
Tel 030 29 04 49 76
Diariam 11h-24h
Todo o Leste Europeu corre para o calor desse pequeno café. Pratos búlgaros, crepes, borscht russo e outras receitas eslavas. Tudo muito fresco. Vinhos búlgaros, serviço adorável. Prato €4-8.

Zur letzten Instanz (**C** B2)
→ *Waisenstrasse 14-16*
Tel 030 242 55 28
Seg-sáb 12h-23h
Na *Kneipe* mais antiga de Berlim, em funcionamento desde 1621, ainda se vê o surpreendente banco aquecido no qual Napoleão se sentou. A cozinha tradicional não prima pela leveza, como o prova a Buletten, travessa de carnes. Prato €6,50-26.

Mutter Hoppe (**C** A2)
→ *Rathausstrasse 21*
Tel 030 241 56 25 Diariam 11h30-último cliente
Embutidos, frigideiras de carne ou ainda filés de perca do rio Havel e legumes da estação... Generosa culinária em uma autêntica *Gaststätte* berlinense. Prato €8-18.

Restaurant Schönbrunn (**C** C1)
→ *Am Schwanenteich*
Tel 030 453 05 65 25
Nov-mar: sáb-dom 10h-18h; abr-out: diariam 10h-23h (20h com mau tempo)
De dia é um café e restaurante no meio do parque, que reúne todas as gerações. À noite, tem música e atmosfera antenada.

Umspannwerk Ost (**C** D2)
→ *Palisadenstrasse 48*
Tel 030 42 08 93 23
Diariam 11h30-24h
Especialidades de Berlim ou do Mediterrâneo sob as vigas de aço dessa antiga central elétrica. Ambiente simpático, fartas porções, cardápio da estação, terraço no verão e palco de cabaré. Prato €11,50-18.

CAFÉS, BARES

Die Turnhalle (**C** F3)
→ *Holteistrasse 6-9*

HOUSE OF WEEKEND

KATER BLAU

STRAWBETTY

Tel 030 29 36 48 16
Seg-sex 11h-22h, sáb-dom 10h-23h
Em um ginásio de escola, um café-restaurante que se abre para um agradável jardim com fontes. Saboreie o café da manhã e os brunches aos domingos.

Die Tagung (**C** F3)
→ *Wühlischstrasse 29*
Diariam 19h-último cliente
Com a *Ostalgie*, Berlim viu um reflorescimento de bandeiras vermelhas, bustos de Lênin e retratos oficiais, às vezes por nostalgia, outras por zombaria. Prove a Roter Oktober, a cerveja preferida da antiga elite do Exército Vermelho.

Paule's Metal Eck (**C** E3)
→ *Krossener Strasse 15*
Tel 030 291 16 24 Diariam 19h-último cliente
Localizado na vibrante Simon-Dach Strasse, esse lugar é o predileto dos metaleiros. Tome cerveja em um ambiente composto de caveiras, dragões e outras assustadoras criaturas grafitadas nas paredes.

CLUBES, CASAS DE ESPETÁCULOS

House of Weekend (**C** B2)
→ *Alexanderstrasse 7*
Tel 030 24 63 16 76
Diariam a partir de 23h
www.houseofweekend.berlin
Um clube seleto cujo destaque é o esplêndido terraço de cobertura, de onde se admira a Alexanderplatz entre dois sets de DJ.

Kater Blau (**C** C3)
→ *Holzmarktstrasse 25*
Sex-dom 24h
www.katerblau.de
Fogueira no terraço, pista de dança no interior, sofás por todo lado – tudo em um caos organizado, para fazer a festa no fim de semana!

Berghain (**C** D3)
→ *Am Wriezener Bahnhof*
Sex 24h-seg de manhã
www.berghain.de
Um must das noitadas tecno berlinenses, instalado numa antiga central elétrica. Aço, concreto, decoração minimalista e pista de dança na cobertura, a 18m de altura!

RAW Tempel (**C** E3)
→ *Revaler Strasse, 99*
***Cinema** www.freiluftkino-insel.de **Shows** www.cassiopeia-berlin.de*
www.raw-tempel.de
Gerenciado por uma associação, reúne em 8.800m² cinema ao ar livre (no verão), mercado de pulgas aos domingos, concertos no Cassiopeia, espaço coberto para skatistas, jardim de cerveja e oficinas artísticas.

GALERIA DE ARTE

Gerhardsen Gerner (**C** B3)
→ *Holzmarktstrasse 15-18*
Tel 030 69 51 83 41
Qua-sáb 11h-18h
Vale a pena conhecer essa galeria de arte, pelo menos para descobrir a efervescência da criação contemporânea em Berlim. Renova constantemente as exposições e instalações.

COMPRAS

Der Vorwende Laden (**C** E2)
→ *Thaerstrasse 16 Tel 030 41 72 64 50 Ter-sex 11h-18h*
Camisas azuis da juventude comunista, bandeirolas ou objetos... A antiga RDA é bem representada nessa pequena loja de antiguidades, a única a revender a louça do Palast der Republik (1976), demolido em 2008.

Heimat (**C** F3)
→ *Niederbarnimstrasse 17*
Tel 030 74 69 99 14
Seg-sáb 12h-19h (18h sáb)
Essa loja alternativa destaca os jovens designers locais. Nota-se uma predileção por todo tipo de artigo serigrafado: lenços, camisetas e até máscaras para dormir!

Victoria met Albert (**C** F3)
→ *Krossener Strasse 9-10*
Tel 030 44 67 47 72
Seg-sáb 11h-20h
Artigos de decoração e roupas modernas para homens e mulheres estão reunidos nessa loja boêmia.

Prachtmädchen (**C** F3)
→ *Wühlischstrasse 28*
Tel 030 97 00 27 80
Seg-sáb 11h-20h (16h sáb)
Calças listradas, jaquetas floridas, moda moderna e, no nº 27, calçados da moda. Nessa loja, é primavera o ano todo!

Peccato Fashion Store (**C** F3)
→ *Wühlischstrasse 40-41*
Tel 030 51 64 33 01
Seg-sáb 11h-20h (19h sáb)
Como um camarim gigante – aconchegante, feminino, chique. Os preços são acessíveis.

Strawbetty (**C** F3)
→ *Gärtnerstrasse 32*
Tel 030 89 99 36 63
Seg-sáb 12h-19h (18h sáb)
Volte no tempo com muita elegância: óculos-borboleta, anáguas de tule, vestidos e diversos outros artigos bem anos 50.

DDR MUSEUM

MARIENKIRCHE

◀ Mapa C

R GEGENWART - BERLIN

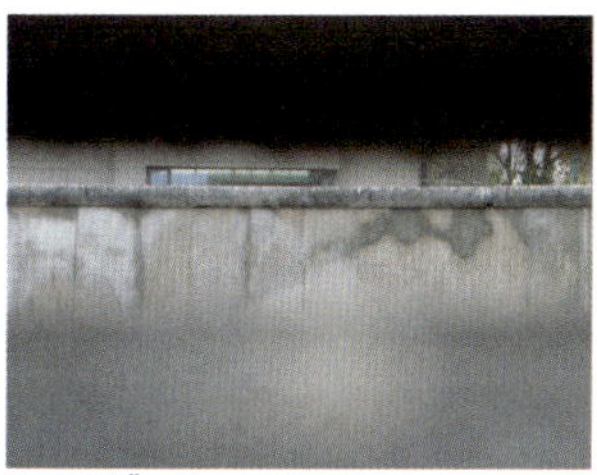

GEDENKSTÄTTE BERLINER MAUER

JÜDISCHER FRIEDHOF

A casa onde Bertolt Brecht (1898-1956) e sua mulher Helen Weigel (1900-1971) viveram seus últimos anos. Das janelas, vê-se o cemitério Dorotheen-städtischer Friedhof, em que eles descansam, ao lado de Hegel, Schinkel e Heinrich Mann.

★ Museum für Naturkunde (B B3)
→ *Invalidenstrasse 43*
Tel 030 20 93 85 91 Ter-dom 9h30 (10h sáb-dom)-18h
O Museu de História Natural (1889) e seus soberbos esqueletos de dinossauros: o do braquiossauro, com 13,27m de altura, é o maior esqueleto de réptil do mundo!

★ Hamburger Bahnhof / Museum für Gegenwart – Berlin (B A3)
→ *Invalidenstrasse 50-51*
Tel 030 39 78 34 11
Ter-sex 10h-18h (20h qui), sáb-dom 11h-18h
Um museu (1996) de arte contemporânea na mais antiga estação da cidade (1847). Restaurada por Kleihues, a arquitetura metálica do telhado e das paredes é digna de obras de Beuys e de Warhol.

★ Gedenkstätte Berliner Mauer (B C2)
→ *Bernauer Strasse 111*
Tel 030 467 98 66 66
Ter-dom 9h30-19h (18h nov-mar)
Esse comovente museu ao ar livre substituiu a antiga zona de segurança do Muro: terminais audiovisuais, afloramentos de concreto com metal enferrujado, retratos daqueles que morreram ao tentar fugir. A partir da plataforma do centro de documentação é possível observar, entre duas imensas placas de metal, um pedaço do Muro sem nenhuma inscrição.

★ Jüdischer Friedhof (B E2)
→ *Schönhauser Allee 23-25*
Seg-sex 8h-16h (14h30 sex)
Sob uma alta abóbada de árvores, túmulos cobertos de hera e folhas mortas. O tempo apaga pouco a pouco o nome de Max Liebermann e o de Meyerbeer, mas não as cicatrizes deixadas pelos nazistas.

★ Kollwitzplatz (B E2)
→ *Mercado sáb 9h-16h*
Bela praça no coração de Prenzlauer Berg. A *Szene* alternativa praticamente a abandonou depois que as fachadas recobraram seus estuques e tons pastel, mas é sempre bom ir até lá saborear uma Berliner Weisse em um terraço ou em um café da vizinha Husemannstr. No meio, a estátua da escultora Käthe Kollwitz (veja seu museu em **F** E4).

FERNSEHTURM

ALEXANDERPLATZ

KARL-MARX-ALLEE / CAFÉ SIBYLLE

★ **Märkisches Museum** (**C** B3)
→ *Am Köllnischen Park 5*
Tel 030 24 00 21 62
Ter-dom 10h-18h
Esse edifício com aspecto de mosteiro gótico foi construído em 1908 para acolher um museu. Em um labirinto de salas e corredores, descobrem-se a história e a civilização berlinense, desde os primeiros traços pré-históricos até a vida cotidiana no séc. XIX, passando pelas esculturas góticas da Marienkirche. Um ponto alto são as fotos estereoscópicas do Kaiserpanorama, do fim do séc. XIX.

★ **Nikolaiviertel** (**C** A2)
Uma rede de ruas estreitas e casas medievais datadas de 1987. Para o 750º aniversário de Berlim, o minúsculo bairro de Saint-Nicolas foi reconstituído (às vezes com concreto) em torno da Nikolaikirche. A nave gótica do monumento mais antigo da cidade (1230-1878) abriga um anexo do Märkisches Museum. Nas imediações, os balcões rococós do palácio Ephraïm (banqueiro de Frederico II) são uma reconstituição.

★ **Marx-Engels-Forum** (**C** A2)
→ *Karl-Liebknecht-Str., Spandauer Str., Rathausstr.*
Inaugurado em 1986 por Erich Honecker, o monumento, dedicado aos "pais do socialismo" que lançam um olhar paternal para o Leste, representa Marx e Engels. Ao redor, uma pintura celebra a felicidade socialista, descrevendo os horrores do mundo capitalista.

★ **DDR Museum** (**C** A2)
→ *Karl-Liebknecht-Strasse 1*
Tel 030 847 12 37 31
Diariam 10h-20h (22h sáb)
Um mergulho lúdico na vida cotidiana da ex-RDA – sente-se ao volante de um Trabant, use material de espionagem da Stasi ou lembre da TV da época no salão.

★ **Marienkirche** (**C** A2)
→ *Karl-Liebknecht-Strasse 8*
Tel 030 242 44 67 Diariam 10h-18h
A igreja de Nossa Senhora inaugura o Gótico em tijolo de Brandemburgo (fim do séc. XIII, campanário de 1418). No interior, as sóbrias paredes brancas, as abóbadas harmoniosas e os vitrais luminosos realçam a exuberância do mobiliário, em particular do púlpito barroco (1703) de A. Schlüter e do órgão (1723) de J. Wagner e J. G. Glume (recitais qui-sex 13h30). À esquerda da entrada, *Dança macabra* (1485).

★ **Fernsehturm** (**C** A2)
→ *Mar-out: diariam 9h-*

MARTIN-GROPIUS-BAU

JÜDISCHES MUSEUM

BERLINISCHE GALERIE

D Kreuzberg / Neukölln

Antes da queda do Muro, esquecidos pelo sistema, operários turcos e jovens rebeldes refugiados em Kreuzberg inventaram modos de vida diferentes e militantes. Hoje, se os arredores de concreto do Kottbusser Tor mantiveram um ambiente que lembra Istambul, a parte oeste do bairro esbanja charme com suas ruas de paralelepípedos e fachadas neorrenascentistas, à beira do Viktoriapark. A sudeste do Landwehrkanal, entre Kreuzberg e Neukölln, emerge um novo *Kiez* (bairro) underground: Kreuzkölln, tomado por bares, vernissages de galerias e festas entre vizinhos em pátios internos.

CURRY 36

ALT-BERLINER WIRTSHAUS

IMBISS, RESTAURANTES

Curry 36 (**D** B2)
→ *Mehringdamm 36*
Diariam 9h-4h
Salsicha grelhada regada com ketchup e curry é uma especialidade berlinense surpreendente – dentro de pão Brötchen, e com cebolas (Zwiebeln), uma verdadeira delícia. Outro endereço: Hardenbergplatz (**F** E3). Prato €1,50-4.

Knofi (**D** B3)
→ *Bergmannstrasse 11*
Tel 030 69 56 43 59
Diariam 7h-24h
Viaje pelo Mediterrâneo nesse café-delicatéssen com nome saboroso: Knofi (alho). Especialidades turcas, homus, massas... Em frente, no nº 98, uma escala na Itália. Prato €3,50-8,50.

Alt-Berliner Wirtshaus Henne (**D** D1)
→ *Leuschnerdamm 25*
Tel 030 614 77 30 Ter-sáb 18h-23h, dom 17h-22h
Com cardápio simples e cozinha tradicional, esse famoso restaurante é especializado há cerca de cem anos em frango caipira. Ambiente rústico e terraço no verão. Prato €8,30.

Osteria nº 1 (**D** A3)
→ *Kreuzbergstrasse 71*
Tel 030 786 91 62
Diariam 12h-24h
Aberto há 40 anos, esse bistrô familiar tem um ar de *dolce vita*. Como antepasto, vá de vitello tonnato (finas fatias de vitela ao molho cremoso de atum com alcaparras). Massas caseiras. Prato €8-17,50.

Kimchi Princess (**D** E2)
→ *Skalitzer Strasse 36*
Tel 016 34 58 02 03
Diariam a partir de 12h
O cheiro das especiarias coreanas toma conta desse galpão vermelho convertido em restaurante. Sentados em estrados, os frequentadores compartilham um bibimbap (arroz com legumes e carne moída) ou um churrasco. Prato €9-13.

Altes Zollhaus (**D** C2)
→ *Carl-Herz-Ufer 30*
Tel 030 692 33 00
Ter-sáb 18h-23h
Um dos melhores restaurantes de Berlim, fica em uma estalagem nas margens do canal. Gastronomia alemã: o peito de pato de Brandemburgo, servido com purê de batata e couve. Prato €16-23.

CAFÉS, BARES, CLUBES

Martins Place Kuchenmanufaktur (**D** F3)

MARTINS PLACE

WATERGATE

SPACE HALL

→ *Pannierstrasse 29 Tel 030 28 87 91 79 Ter-qui 11h-18h, sex-dom 12h-19h*
O tempo parece parar nessa minúscula "fábrica de bolos". Pode-se escolher entre dez variedades, uma mais deliciosa que a outra.

Golgatha (**D** A3)
→ *Dudenstrasse 40 Tel 030 785 24 53 Abr-set: diariam 9h-6h (conforme o clima) www.golgatha-berlin.de*
Junto ao Kreuzberg, esse é um dos *Biergarten* mais famosos entre os que florescem no verão pelas calçadas e parques. Shows ou DJs toda noite a partir das 22h.

Ankerklause (**D** E2)
→ *Kottbusser Damm 104 Tel 030 693 56 49 Diariam 10h (16h seg)-4h*
Nas margens do Landwehrkanal, esse café branco e azul, muito agradável à tarde, parece um veleiro. À noite, uma multidão se aperta ao som de música pop ou easy-listening da juke-box.

Cake Club (**D** D1)
→ *Oranienstrasse 31 Tel 030 61 65 93 99 Diariam 20h-último cliente (DJ a partir das 22h)*
Local underground, com punk, drum'n'bass, tecno e house, além de drinques deliciosos.

SO 36 (**D** E2)
→ *Oranienstrasse 190 Tel 030 61 40 13 06 www.so36.de*
Sala de espetáculos e clube imperdível por sua programação eclética: noites de eletro, danças de salão (dom), mercado de pulgas, programação para lésbicas e shows de rock pesado.

Watergate (**D** F2)
→ *Falckensteinstrasse 49 Tel 030 61 28 03 96 www.water-gate.de*
Clube um tanto seletivo, frequentado pelos amantes da música house e tecno. Pista de dança aberta para o Spree e a Oberbaumbrücke, sob um prodigioso teto de luzes.

Klunkerkranich (**D** E4)
→ *Karl-Marx-Strasse 66 Diariam 10h (12h dom)-1h30*
No quinto andar do centro comercial Arkaden, essa casa noturna revela, uma vez atravessado o estacionamento, um gigantesco terraço com vista panorâmica. Diversos tipos de som eletrônico e, no verão, churrasco e outras festividades ao ar livre.

SAUNA

Arena/Badeschiff (fora do mapa **D** F2)
→ *Eichenstrasse 4 (a leste da Schlesische Strasse) Abr-set: diariam 8h-24h (a menos que o tempo esteja ruim); out-mar: diariam 10h-22h (piscina fechada)*
Ponto surpreendentemente híbrido no local de uma antiga garagem de ônibus! Restaurante sobre a água, parque, salas de concertos, clube e, sobre o rio Spree, duas barcaças: piscina e bar ao ar livre no verão, salões e espaços para relaxar com sauna e banhos quentes no inverno.

COMPRAS

Die Imaginäre Manufaktur (**D** E2)
→ *Oranienstrasse 26 Tel 030 285 03 01 21 Seg-sex 10h-19h, sáb 12h-16h*
Jovens designers, cegos e deficientes unem seu talento para criar e fabricar cestas, escovas, vassouras e outros coloridos objetos artesanais. Um espaço a descobrir.

Markt am Maybachufer (**D** E2)
→ ***Maybachufer BiOriental Markt** (orgânico e turco): seg, sex 11h-18h30; **Neuköllner Stoff** (design): sáb 11h-17h; **Nowkölln Flowmarkt** (de pulgas): 2º sáb do mês 11h-18h*
Músicos de rua e artesãos animam esses mercados do cais Maybachufer.

Space Hall (**D** B3)
→ *Zossener Strasse 33 Tel 030 694 76 64 Seg-sáb 11h-20h (22h qui-sex)*
Essa loja de discos especializada em música eletrônica é o paraíso dos DJs. Vinil no nº 35 da mesma rua.

Ararat (**D** B3)
→ *Bergmannstrasse 99 Tel 030 693 50 80 Seg-sáb 10h-20h*
A editora de literatura turca em alemão continua seu trabalho em papel. Papelaria, ecoembalagens, cartões-postais e utensílios de cozinha engraçados. Do outro lado, no nº 9, há quadros e obras de arte.

Colours (**D** B3)
→ *Bergmannstrasse 102 (no fundo do quintal, 1º andar à esq.) Tel 030 694 33 48 Seg-sáb 11h (12h sáb)-19h*
Toda a gama dos anos 1950 a 1980, do jeans mais clássico aos vestidos psicodélicos, vendidos a peso!

Zeha Berlin (**D** B3)
→ *Friesenstrasse 7 Tel 30 69 53 88 55 Seg-sex 11h-19h, sáb 10h-18h*
Os calçados com duas listras brancas "Made in RDA" viraram objeto de culto depois da queda do Muro! Para homens e mulheres, tênis e sapatos de todas as cores.

DEUTSCHES TECHNIKMUSEUM

PARK AM GLEISDREIECK

▶ Mapa C

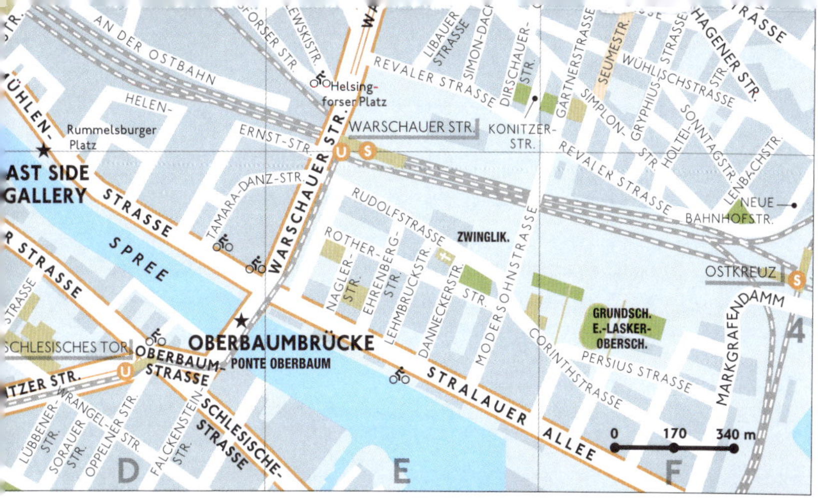

VOLKSPARK FRIEDRICHSHAIN

EAST SIDE GALLERY

22h30; nov-fev: diariam 10h-23h30 Última subida 23h30 Ingressos e reservas www.tv-turm.de
Visível de Berlim inteira, a torre da televisão construída em 1969 desafiava a RFA do alto de seus 365m. A plataforma panorâmica e o restaurante giratório da esfera de aço (203m) têm vistas excepcionais.

★ **Alexanderplatz** (**C** B2)
Apesar do gigantismo de suas proporções, "a Alex" continua sendo o coração pulsante do lado oriental de Berlim. Destruída pelas bombas, a praça deu lugar na década de 1960 a uma imensa esplanada cercada por barras de concreto. No centro, o Relógio Universal Urania (1969), de Erich John, e a Fonte da Amizade entre os Povos.

★ **Karl-Marx-Allee** (**C** D2)
Na antiga Stalinallee, uma colossal avenida, se destacavam os *Plattenbau*, edifícios representativos do estilo stalinista, onde moravam membros do partido comunista. No nº 72, o Café Sibylle (**C** D2) reconta a história do bairro. No nº 33, o Kino International (**C** B2), cinema com decoração típica da RDA, abriga também uma casa noturna e todo tipo de evento, a exemplo da Fashion Week berlinense.

★ **Volkspark Friedrichshain** (**C** C1)
Atrás da fonte (1913) e de suas estátuas saídas dos contos de Grimm se abrem os bosques e campinas do Parque Popular (1840). No verão, os gramados são invadidos pelos berlinenses. No inverno, as duas colinas, feitas de destroços de um bunker bombardeado e de entulhos do bairro, servem de pista para trenós. Sepultura das 200 vítimas da revolução de 1848.

★ **East Side Gallery** (**C** D4)
→ *Mühlenstrasse 45-80*
Com 1.300m, essa é a galeria de pintura mais longa do mundo: em 1990, 118 artistas se apossaram da gigantesca página em branco que era o lado oriental do Muro. As pinturas se sucedem em um festival de cores.

★ **Oberbaumbrücke** (**C** D4)
Ligando Kreuzberg a Friedrichshain, essa ponte de tijolos vermelhos de dois andares (1896) permite que o metrô cruze o Spree. Do tabuleiro inferior aprecia-se na margem do rio a escultura *Molecule Man*, de Jonathan Borofsky: três homens (três bairros) se encontram. Terra de ninguém durante a Guerra Fria, a ponte hoje abriga, em setembro, batalhas de água entre os moradores das duas margens.

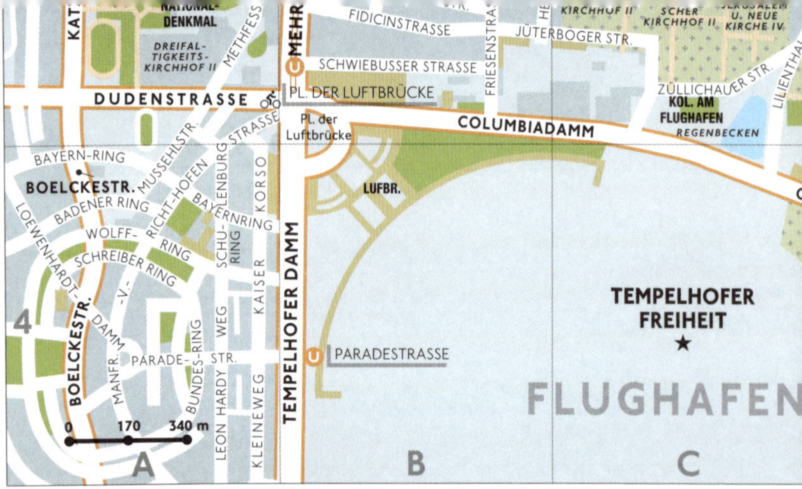

CHAMISSOPLATZ

TEMPELHOFER FREIHEIT

★ **Martin-Gropius-Bau** (**D** A1)
→ *Niederkirchnerstrasse 7*
Tel 030 25 48 60
Qua-seg 10h-19h
Para construir o museu de artes decorativas (1881), Schmiede e Gropius seguiram a lição de Schinkel: historicismo neorrenascentista e decoração refinada dos elementos secundários. Grandes exposições.

★ **Jüdisches Museum** (**D** B1)
→ *Lindenstrasse 9-14*
Tel 030 25 99 33 00
Diariam 10h-20h (22h seg)
A arquitetura simbólica e "desconstrutivista" do edifício de Daniel Libeskind (1999), em forma de estrela judia estourada, atraiu centenas de milhares de visitantes antes mesmo da montagem da exposição. De cunho pedagógico, destaca o papel dos judeus através da história, até sua aniquilação pelos nazistas.

★ **Berlinische Galerie** (**D** C1)
→ *Alte Jakobstrasse 124-128*
Tel 030 78 90 26 00
Qua-seg 10h-18h
Especializada em arte berlinense, exibe esculturas, pinturas, fotografias, desenhos etc. Coleção permanente (Zille, Grosz, Dix, El Lissitzky, Gabo, Vostell) e mostras temporárias.

★ **Deutsches Technikmuseum** (**D** A2)
→ *Trebbiner Strasse 9*
Tel 030 90 25 40 Ter-sex 9h-17h30, sáb-dom 10h-18h
Um *Rosinenbomber* (avião usado durante a ponte aérea de 1949) parece ter pousado nesse gigantesco museu (1982). Aparelhos, maquetes, computadores etc. narram a grande epopeia tecnológica

★ **Park am Gleisdreieck** (**D** A2)
Desde 2011, as antigas linhas ferroviárias são cruzadas por ciclovias e dão espaço a playgrounds, rampas de skate e recantos dedicados à natureza. Em 31,5ha, esse "parque dos caminhos de ferro" transformou-se em um oásis para a fauna e a flora em pleno centro da cidade. Abriga ainda um jardim comunitário aberto a todos.

★ **Chamissoplatz** (**D** B3)
→ *Mercado orgânico Sáb 9h-15h*
O lugar mais típico da Berlim pré-guerra: as *Mietskasernen* conservaram as fachadas neorrenascentistas de cores suaves, e a pequena praça mantém os banheiros públicos do início do século. Nas proximidades da Mehringdamm se estende o Viktoriapark (**D** A3), neorromântico, ocupando

BRANDENBURGER TOR

REICHSTAG

HOLOCAUST-MAHNMAL

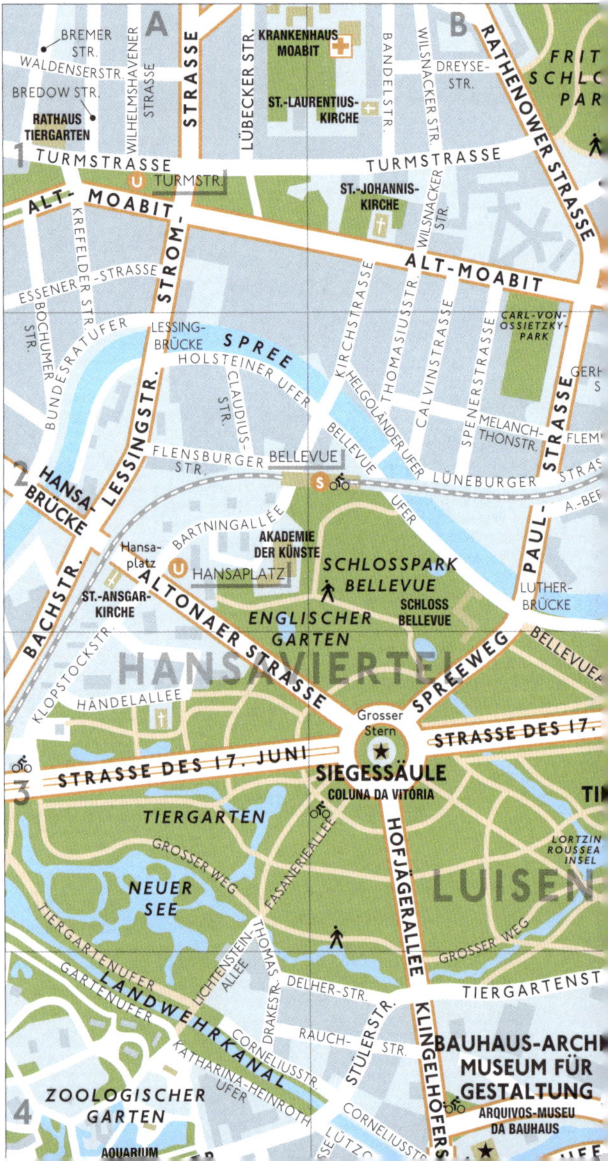
A
B
1
2
3
4
BREMER STR.
WALDENSERSTR.
BREDOW STR.
RATHAUS TIERGARTEN
WILHELMSHAVENER STRASSE
STRASSE
LÜBECKER STR.
KRANKENHAUS MOABIT
ST.-LAURENTIUS-KIRCHE
BANDELSTR.
WILSNACKER STR.
DREYSE-STR.
RATHENOWER STRASSE
TURMSTRASSE
TURMSTR.
ST.-JOHANNIS-KIRCHE
ALT-MOABIT
STROM-
KREFELDER STR.
ESSENER-STRASSE
BOCHUMER STR.
BUNDESRATUFER
LESSING-BRÜCKE
SPREE
HOLSTEINER UFER
CLAUDIUS-STR.
KIRCHSTRASSE
THOMASIUSSTR.
CALVINSTRASSE
SPENERSTRASSE
CARL-VON-OSSIETZKY-PARK
HELGOLÄNDER UFER
MELANCH-THONSTR.
FLENSBURGER STR.
BELLEVUE
LÜNEBURGER
HANSA-BRÜCKE
LESSINGSTR.
BARTNINGALLÉE
AKADEMIE DER KÜNSTE
Hansa-platz
HANSAPLATZ
SCHLOSSPARK BELLEVUE
SCHLOSS BELLEVUE
PAUL-
LUTHER-BRÜCKE
BACHSTR.
ST.-ANSGAR-KIRCHE
ALTONAER STRASSE
ENGLISCHER GARTEN
HANSAVIERTEL
SPREEWEG
BELLEVUEA
KLOPSTOCKSTR.
HÄNDELALLEE
Grosser Stern
STRASSE DES 17. JUNI
SIEGESSÄULE
COLUNA DA VITÓRIA
TIERGARTEN
GROSSER WEG
NEUER SEE
FASANERIEALLEE
HOFJÄGERALLEE
LORTZIN ROUSSEA INSEL
LUISEN
TIERGARTENUFER
GARTENUFER
LANDWEHRKANAL
LICHTENSTEIN-ALLEE
THOMAS
DRAKESTR.
DELHER-STR.
RAUCH-STR.
STÜLERSTR.
KLINGELHÖFERSTR.
TIERGARTENST
CORNELIUSSTR.
KATHARINA-HEINROTH-UFER
BAUHAUS-ARCH
MUSEUM FÜR GESTALTUNG
ARQUIVOS-MUSEU DA BAUHAUS
ZOOLOGISCHER GARTEN
AQUARIUM

E Tiergarten / Potsdamer Platz / Schöneberg

Da rampa em espiral na cúpula do Reichstag descortina-se uma vista 360° sobre o Portão de Brandemburgo, os edifícios modernos dos ministérios e o imenso Tiergarten. Abarcando o Obelisco da Vitória (Siegessäule) e o Schloss Bellevue, essa antiga reserva de caça tornou-se o pulmão verde da cidade, adorado pelos berlinenses. Ao sul, a Potsdamer Platz, por tanto tempo terra de ninguém, desde os anos 1990 tem sido embelezada pelos maiores arquitetos. Juntamente com o Kulturforum, o complexo de grandes museus do Oeste, ela recuperou a efervescência digna de um local central. A oeste, Schöneberg, de aparência residencial, abriga teatros e bares gays.

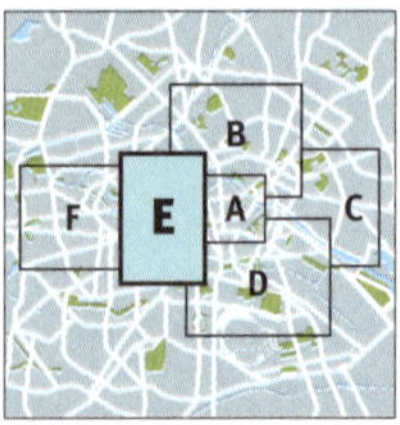

TIERGARTEN QUELLE

TRATTORIA A' MUNTAGNOLA

RESTAURANTES

Joseph Roth Diele (**E** C5)
→ *Potsdamer Strasse 75 Tel 030 26 36 98 84 Seg-sex 10h-24h*
Uma velha taberna onde há sempre um cliente disposto a tocar piano estimulado pelo dono, Joseph Roth! Cozinha simples (Schnitzel, Spätzle – espécie de massa – ao presunto ou ao queijo etc). Prato €5-8.

Shayan (**E** B6)
→ *Goltzstrasse 23 Tel 030 215 15 47 Diariam 12h-24h*
A hospitalidade e os sabores iranianos reinam nesse pequeno restaurante familiar no coração de Schöneberg. Ghorme sabzi (refogado de cordeiro com ervas) seguido por um típico chaï (chá com especiarias). Prato €5,50-16.

Tiergarten Quelle (**E** A3)
→ *Bachstr. 6 Tel 030 392 76 15 Diariam 17h (12h sáb-dom)-1h*
A dois passos da Hansaplatz, um *Kneipe* simpático e familiar com *Biergarten* no verão. Pratos tradicionais: chucrute de Nuremberg, travessa de salsichas ou escalopes. Reserve. Prato €5,50-17.

Trattoria a' Muntagnola (**E** A5)
→ *Fuggerstrasse 27 Tel 030 211 66 42 Diariam 17h-24h*
Nessa trattoria rústica há comida caseira e um dono que costuma fazer simpáticas piadas com os clientes. Prato €6-25.

Munch's Hus (**E** C6)
→ *Bülowstrasse 66 Tel 030 21 01 40 86 Diariam 10h-1h*
Sob o olhar dos personagens de Munch, uma viagem à Noruega, graças a receitas como o cervo com castanhas e oxicocos e a travessa de peixes de Skagerrak. Serviço agradável. Prato €12-19.

Oktogon (**E** D4)
→ *Leipziger Platz 10 Tel 030 20 64 28 64 Seg-sex 11h30-16h, 17h-24h; sáb 17h-24h*
Lugar moderno e aconchegante na octogonal Leipziger Platz. Culinária fusion que germaniza os dim sum com linguiça e chucrute e orientaliza os filés de truta com chá de jasmim e baunilha... Apresentação caprichada. Prato €12,50-19.

CASAS DE CHÁ, CAFÉS, BARES

Inka Eis (fora do mapa **E** B6)
→ *Belziger Strasse 44 Tel 030 78 09 70 50 Diariam 11h-19h*

KÜNSTLERHAUS BETHANIEN

SO 36 VIERTEL

MUSEUM DER DINGE

a colina mais alta de Berlim desde 1894 e coroado pelo monumento nacional das guerras de libertação contra Napoleão.

★ **Tempelhofer Freiheit**
(**D** C4)
→ *Columbiadamm Diariam amanhecer-pôr do sol*
Em 2008, o mais singular parque de Berlim substituiu as pistas do Aeroporto de Tempelhof. O prédio, do tempo do III Reich, era um modelo precursor, com seus diferentes níveis para partidas e chegadas. Depois, o aeroporto foi peça-chave da ponte aérea durante o bloqueio de 1948-49. Atualmente, os berlinenses tomaram posse desse imenso espaço, um laboratório de criatividade: para a felicidade de todos os públicos, há hortas, lanchonetes, galerias ao ar livre, área de lazer, gramados, pista de patins...

Künstlerhaus Bethanien
(**D** D2)
→ *Kottbusser Strasse 10*
Tel 030 616 90 30
Ter-dom 14h-19h
Residências e exposições na velha Lichtfabrik (fábrica de lâmpadas) e no antigo Kunstraum Kreuzberg/Bethanien, hospital do séc. XIX, no nº 2 da Mariannenplatz (**D** E1). Café com jardim no verão.

★ **SO 36 Viertel** (**D** E2)
O antigo "Süd-Ost 36" é o coração do popular Kreuzberg. Todo 1º de maio, os confrontos com a polícia traduzem o engajamento político de parte de seus habitantes. No resto do tempo, a vida gira em torno dos mercados (Kottbusser Tor e Görlitzer Park), das *Imbiss* e das mercearias turcas (Oranienstr e Kottbusser Damm), e ao longo das alamedas ladeadas de chorões do Landwehrkanal.

Kreuzberg Museum
→ *Adalbertstrasse 95a*
Tel 030 50 58 52 33
Qua-dom 12h-18h
Quarenta anos de desenvolvimento urbano e movimentos de protestos.

★ **Museum der Dinge**
(**D** E1)
→ *Oranienstrasse 25*
Com base nos princípios do grupo de artistas e industriais Werkbund (1907), esse museu exibe como obras de arte os objetos fabricados a partir do final do séc. XIX. Telefones, decantadores de vinho, martelos – 30 mil "coisas" como essas compõem o acervo dessa instituição invulgar. Veja também a cozinha Frankfurt, projetado por Margarete Schütte-Lihotzky (1926), e a representação de um interior modernista.

POTSDAMER PLATZ

MUSEUM FÜR FILM UND FERNSEHEN

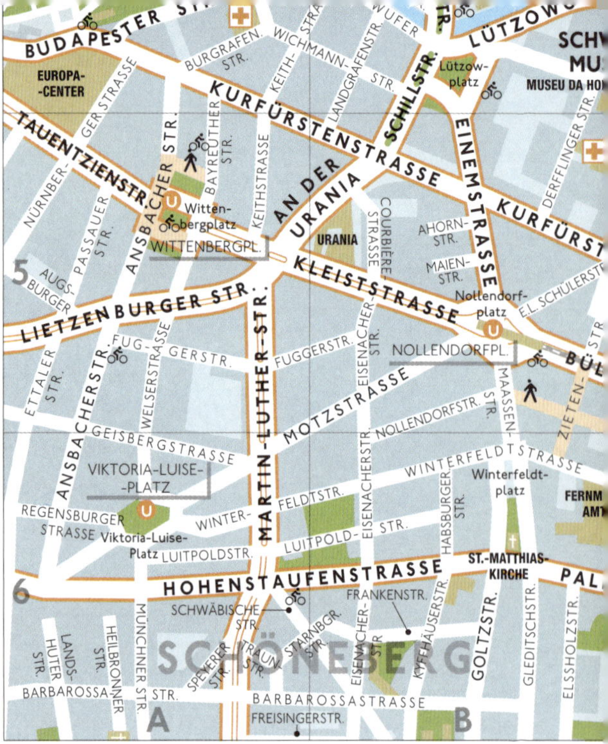

★ **Brandenburger Tor** (**E** D3)
As comoventes cenas de alegria popular durante a queda do Muro, em dezembro de 1989, diante do Portão de Brandemburgo, estão gravadas na memória coletiva. Edificado entre 1788 e 1791 por Langhans segundo o modelo do Propileu de Atenas e encimado pela Quadriga da Vitória, o Portão voltou a ser um símbolo da paz.

★ **Reichstag** (**E** D2)
→ *Platz der Republik 1*
Tel 030 22 73 21 52 Diariam 8h-22h Reserva obrigatória com 7 dias de antecedência www.bundestag.de
Finalizado em 1894, o Parlamento presenciou a agonia da República de Weimar, antes de ser incendiado pelos nazistas em 27 de fevereiro de 1933. Desde 1999, a transparência está de volta graças à cúpula de Norman Foster. No interior, uma rampa helicoidal domina o semicírculo dotado de uma segunda cúpula.

★ **Holocaust-Mahnmal** (**E** D3)
→ *Cora-Berliner Strasse 1*
Tel 030 26 39 43 36 ***Centro de informação*** *Ter-dom 10h-20h (19h out-abr)*
Brilhantes, as 2.711 estelas em pedra negra (2005) do americano Peter Eisenman induzem à reflexão. Abaixo, um memorial conta a história do Holocausto. Na *Raum der Namen* estão entalhados os nomes de judeus assassinados nos campos de concentração.

★ **Potsdamer Platz** (**E** D4)
Coração da cidade desde a década de 1920, foi devastada pelos bombardeios. Esse imenso terreno cortado pelo Muro tornou-se um centro de negócios da cidade reunificada.

Sony Center
Sede da Sony Europe, obra de Helmut Jahn. Sob a imensa tenda que recobre os edifícios, os jogos de água e luz tocam os vestígios neobarrocos do Kaisersaal Café.

Panoramapunkt
→ *Potsdamer Platz 1 Verão: diariam 8h-20h; inverno: diariam 8h-18h*
Um elevador ultrarrápido leva ao topo da Kolkoff--Tower (1999), de onde se tem uma vista fabulosa.

★ **Museum für Film und Fernsehen** (**E** D4)
→ *Potsdamer Strasse 2*
Tel 030 90 30 Ter-dom 10h-18h (20h qui)
Uma viagem pela história da sétima arte na Alemanha – dos filmes mudos às produções do pós-guerra, passando pelas da era nazista. A estrela é Marlene Dietrich!

★ **Gemäldegalerie** (**E** C4)
→ *Matthäikirchplatz 4*

HANSAVIERTEL

ZOOLOGISCHER GARTEN

MUSEUM FÜR FOTOGRAFIE

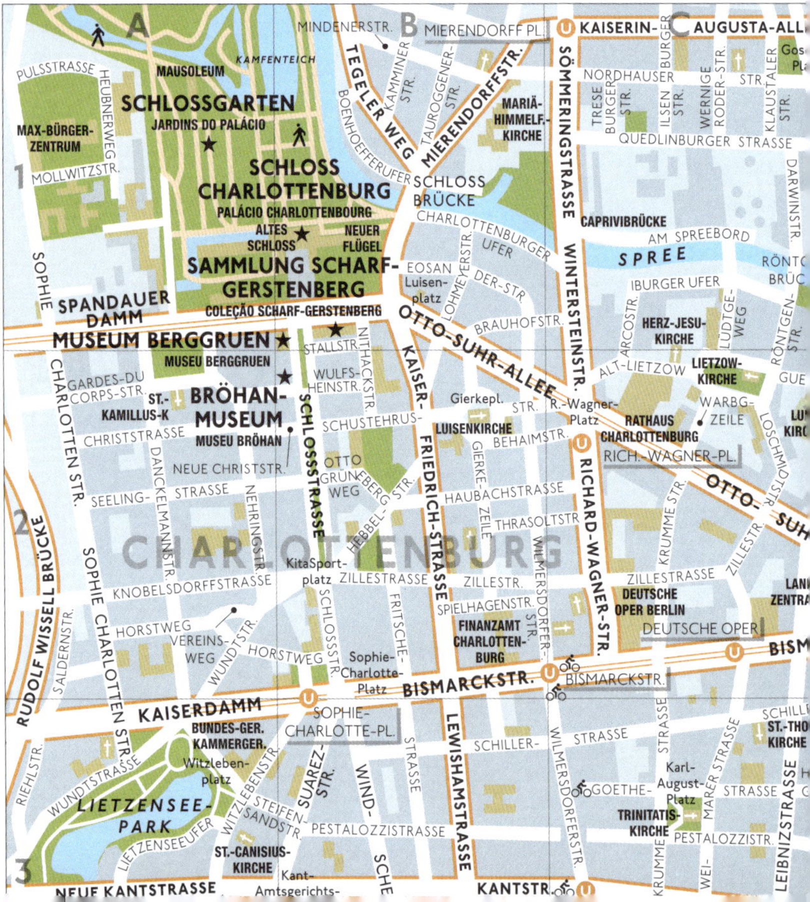

F

Kurfürstendamm / Charlottenburg

O bulevar "Ku'Damm", no centro do lado ocidental de Berlim, evoca uma Unter den Linden capitalista: ali, onde cabarés e cafés atraíam a boemia da década de 1920, as grandes marcas internacionais hoje exibem suas imponentes insígnias. Nessa longa artéria e nas ruas dos arredores, pontilhadas de fachadas Jugendstil e árvores centenárias, passa um fluxo contínuo de berlinenses e visitantes atrás de lojas, teatros ou hotéis de luxo. Mais a oeste, as residências burguesas de Charlottenburg, pequenos imóveis e luxuosas villas circundam o palácio barroco e sua série de museus.

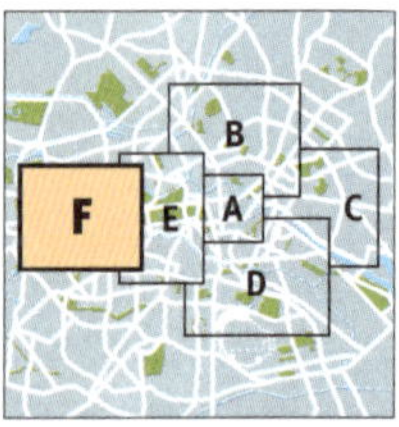

MEY

DAO THAI RESTAURANT

RESTAURANTES

Natural'Mente (**F** B2)
→ *Schustehrusstrasse 26*
Tel 030 341 41 66
Seg-sex 12h-15h30
Há mais de vinte anos é apreciado por amantes de comida vegetariana e orgânica. Pratos fartos que mudam todo dia. Prato €7,50-11,50.

Mey (**F** D3)
→ *Bleibtreustrasse 47*
Tel 030 88 68 15 85
Diariam 10h (14h dom)-23h
Restaurante turco da moda na requintada Bleibtreustrasse. Fundo de alcachofra recheado com feta, salada de halloumi, grelhados, servidos em uma sala de ambiente mediterrâneo. Prato €8-18.

Brauhaus Lemke (**F** B1)
→ *Luisenplatz 1 Tel 030 30 87 89 79 Diariam a partir de 11h*
Defronte do Schloss Charlottenburg, uma cervejaria com bancos de madeira, onde a cerveja da casa é acompanhada de salsichas típicas. Prato €8-18.

Dao Thai Restaurant (**F** C3)
→ *Kantstrasse 133 Tel 030 37 59 14 14 Diariam 12h-24h*
Num ambiente com budas dourados, sopa tom yam bem apimentada, macarrão salteado com camarões ou wok de pato com legumes crocantes... e preços bem em conta! Prato €9,90-18.

Engelbecken (**F** A3)
→ *Witzlebenstrasse 31*
Tel 030 615 28 10 Diariam 17h (16h sáb; 12h dom)-1h
Paredes enfeitadas com arte contemporânea em um albergue agradável que vive lotado. Ótimas receitas da Baviera e dos Alpes, preparadas com produtos orgânicos frescos. Reserve. Prato €10-24.

Daitokai (**F** F3)
→ *Tauentzienstrasse 9-12*
Tel 030 261 80 90
Diariam 12h-15h, 18h-24h
Fontes, bambus e atendentes de quimono yukata para uma incrível viagem ao Japão: em torno de teppans (placas de grelhas), berlinenses e japoneses admiram o chef preparando os ingredientes. Culinária refinada. Prato €11-35 (almoço), €25-35 (jantar).

CAFÉS, SALÕES DE CHÁ

Café Kranzler (**F** E3)
→ *Kurfürstendamm 18*
Tel 030 887 18 39 25
Diariam 8h30-20h
Numa extremidade do Ku'Damm e perto do zoo, um local de qualidade, para tomar um chá desfrutando a vista deslumbrante.

BAUHAUS-ARCHIV

TIERGARTEN / SIEGESSÄULE

◀ Mapa D

Tel 030 266 42 30 40
Ter-dom 10h-18h (20h qui)
Sob a luz natural das salas do Kulturforum (1998), Caravaggio, Giotto, Cranach e Van Eyck, tecem um panorama completo da pintura europeia dos sécs. XIII ao XVIII. Destaque da visita: dezesseis obras-primas de Rembrandt. Ao lado, um rico museu de artes decorativas da Idade Média até o presente.

★ **Neue Nationalgalerie** (**E** C4)
→ *Potsdamer Strasse 50*
Tel 030 266 42 42 42
Fechado para reformas
Picasso, Ernst, De Chirico... Uma casa de vidro para a arte moderna (Mies van der Rohe, 1968). Bela seção expressionista: Kokoschka, Munch e pintores alemães da Brücke (Kirchner, Nolde) e da Neue Sachlichkeit (Dix, Schad e Grosz).

★ **Gedenkstätte Deutscher Widerstand** (**E** C4)
→ *Stauffenbergstrasse 13-14*
Tel 030 26 99 50 00
Seg-sex 9h-18h (20h qui), sáb-dom 10h-18h
Um museu-memorial dedicado aos oponentes do nacional-socialismo.

Bauhaus-Archiv / Museum für Gestaltung (**E** B4)
→ *Klingelhöferstrasse 14*
Tel 030 254 00 20
Qua-seg 10h-17h
Funcionalismo, rejeição à ornamentação, geometrização: o edifício construído em 1979 com projeto de W. Gropius (1964) continua fiel à Bauhaus. No museu, obras e maquetes dos criadores dessa escola que unia arte, design e arquitetura, como Kandinsky e Breuer.

★ **Schwules Museum** (**E** B4)
→ *Lützowstrasse 73*
Tel 030 69 59 90 50
Qua-seg 14h-18h (19h sáb)
O Museu dos Homossexuais apresenta as maiores personalidades lésbicas e gays através dos tempos. Promove exposições temporárias temáticas.

★ **Tiergarten / Siegessäule** (**E** B3-C3)
→ *Siegessäule Nov-mar: diariam 10h-17h (17h30 sáb-dom); abr-out: diariam 9h30-18h30 (19h sáb-dom)*
A reserva de caça dos Hohenzollern foi transformada por Peter Lenné em um parque paisagístico de 210ha (1844). A ilha Rousseau (1792), os canteiros floridos do Jardim da Rainha Luísa ou as trilhas sob as árvores fazem do lugar um espaço privilegiado para passear. A oeste do parque fica o Obelisco da Vitória (Siegessäule), de cujo topo (59m) há bela vista.

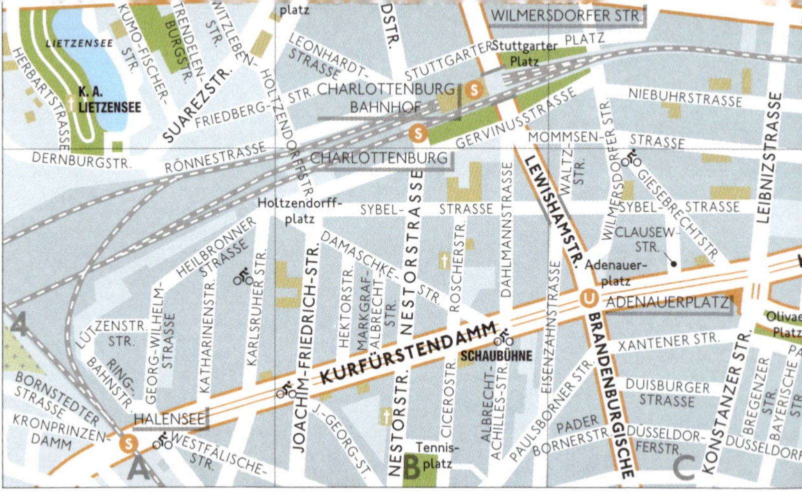

THE STORY OF BERLIN

SCHLOSS CHARLOTTENBURG

★ **Hansaviertel (F** F1)
→ *Mapa da Hansaplatz*
Para equiparar-se às obras da Karl-Marx-Allee (**C** D2), em 1953 Berlim Oriental incumbiu 48 arquitetos, incluindo Gropius, Niemeyer e Aalto, da construção de 1.400 habitações. Os imóveis disseminados na área verde, em torno de uma praça que concentra o comércio, exibiam em seu apogeu o urbanismo desenvolvido na cidade, em reação às *Mietskasernen*.

★ **Zoo Berlin** (**F** F3)
→ *Hardenbergplatz 8*
Tel 030 25 40 10
Verão: diariam 9h-18h30; inverno: diariam 9h-17h
Os bisões circulam em torno de um totem indígena, o pavilhão das girafas evoca uma mesquita... Por trás de seu portal adornado com esculturas de elefantes, o velho zoo (1844) de Lenné, um dos mais ricos do mundo, abriga 18 mil animais.

★ **Museum für Fotografie** (**F** E3)
→ *Jebensstrasse 2*
Tel 030 31 86 48 56
Ter-dom 10h-18h (20h qui)
Exposições permanentes e temporárias sobre a obra do fotógrafo de moda Helmut Newton (1920-2004) dividem o espaço com o acervo do Centro Nacional de Fotografia Contemporânea.

★ **C/O Berlin** (**F** E3)
→ *Hardenbergstrasse 22-24*
Tel 030 284 44 160
Diariam 11h-20h
A Amerika Haus (Bruno Grimmeck), que fez parte do programa da Expo 1957, abriga desde 2014 exposições internacionais de fotografia, em salas modernas, amplas e bem iluminadas.

★ **Kaiser-Wilhelm-Gedächtniskirche** (**F** E3)
→ *Breitscheidplatz* ***Igreja*** *Diariam 9h-19h* ***Salão Memorial*** *Seg-sáb 10h-18h (17h30 sáb), dom 12h-17h30*
Desde 1943 "a igreja da memória" (1890-95) projeta para o céu um campanário mutilado, que lembra a violência dos bombardeios. À noite, a torre e a nave da nova igreja (1961) formam dois prismas de vidro azul iluminados por dentro.

★ **Käthe-Kollwitz-Museum** (**F** E4)
→ *Fasanenstrasse 24 Tel 030 882 52 10 Diariam 11h-18h*
A obra expressionista de Käthe Kollwitz (1867-1945) denuncia o horror da miséria, que ela descobriu ao lado do marido médico em Prenzlauer Berg. Como a maioria das esculturas foi destruída durante a guerra, o museu expõe sobretudo gravuras.

HAUS DER KULTUREN DER WELT

FRÄULEIN ANDERS

KADEWE

Sorvetes caseiros com sotaque latino-americano, como o Chicha Morada ou o Palta, aromatizados com milho azul ou avocado.

Konditorei Café Buchwald (**E** A2)
→ *Bartningallee 29 Tel 030 391 59 31 Diariam 9h (10h dom)-18h*
O mais velho *Konditorei* berlinense (161 anos!) tem um salão onde se saboreia Baumkuchen artesanal (um tipo de bolo quatro quartos com várias camadas – por isso chamado de "bolo árvore" –, assado em um espeto), conhecido mundialmente.

Café M (**E** B6)
→ *Goltzstrasse 33 Tel 030 216 70 92 Seg-sex 8h-21h (4h sex), sáb 9h-4h, dom 10h-24h*
Esse vibrante bar misto (homo e hétero) recebe tanto clientes cativos quanto turistas, que acabam se conhecendo ao tomar cerveja ou mojito... com trilha sonora eletro e jungle.

Walhalla (**E** A1)
→ *Krefelder Strasse 6 Tel 030 393 30 39 Diariam 10h-2h*
Kneipe sempre lotado, com bilhar, terraço dando para a rua, alguns pratos e boas cervejas. Uma alquimia bem-sucedida, endereço renomado no bairro.

Qiu (**E** D4)
→ *Potsdamer Strasse 3 Tel 030 590 05 12 30 Diariam 12h-24h*
No primeiro andar do hotel Mandala, esse moderno lounge domina a Potsdamer Platz. Drinques famosos.

Kumpelnest 3000 (**E** C5)
→ *Lützowstrasse 23 Tel 030 261 69 18 Diariam 19h-último cliente*
Decoração mais chamativa do que kitsch, música variada (disco, antigos sucessos...) e clientela excêntrica, de fácil contato. Inclassificável!

CULTURA, CASAS DE ESPETÁCULOS

Haus der Kulturen der Welt/HKW (**E** C2)
→ *John-Foster-Dulles-Allee 10 Tel 030 39 78 71 75 Diariam 10h-19h (exposições qua-seg 11h-19h)* ***Bilheteria*** *Diariam 10h-19h; e 1h antes do início do espetáculo www.hkw.de*
Sob uma extravagante parábola (1957, renovada em 1989), a Casa das Culturas do Mundo ignora as fronteiras. Exposições, peças de teatro, concertos ou festivais apresentam culturas não europeias.

Philharmonie (**E** D4)
→ *Herbert-von-Karajan-Str 1 Tel 030 25 48 89 99* ***Bilheteria*** *Seg-sex 15h-18h, sáb-dom 11h-14h www.berliner-philharmoniker.de*
A grande sala em forma de circo projetada por Hans Scharoun oferece uma das melhores acústicas do mundo à ilustre Filarmônica de Berlim.

Grips Theater (**E** A2)
→ *Altonaer Strasse 22 Tel 030 39 74 74 77* ***Bilheteria*** *Diariam 12h-18h www.grips-theater.de*
Na sala em forma de anfiteatro, um público de todas as idades se espreme nos bancos. Ternas ou satíricas, engajadas, porém bem-comportadas, as peças da trupe do Grips abordam a vida berlinense com música, como a lendária *Linie 1*.

COMPRAS

Fräulein Anders (**E** B5)
→ *Nollendorfstrasse 28 Tel 030 922 11 076 Seg-sáb 11h-19h (16h sáb)*
Fräulein Lilly Anders, atriz, realizou seu sonho ao abrir essa loja de roupas de qualidade usadas. Bolsas e vestidos de grande beleza ocupam esse espaço barroco.

Deco Arts (**E** B5)
→ *Motzstr 6 Tel 030 215 86 72 Qua-sex 15h-19h, sáb 12h-17h ou com reserva*
Em sua loja especializada em decoração de interiores e em móveis singulares, Marie-Pascale sabe aconselhar os amantes do design e os colecionadores em busca de raridades.

KaDeWe/Kaufhaus des Westens (**E** A5)
→ *Tauentzienstrasse 21-24 Tel 030 212 10 Seg-sex 10h-20h (21h sex), sáb 9h30-20h*
A maior loja de departamentos da Europa, desde 1907. Nela se encontra de tudo, de artigos de papelaria a moda. Na seção de alimentos, muitos tipos de salsichas, queijos e vinhos. Agradáveis praças de alimentação nos dois últimos andares.

Getränke Hoffmann (**E** A5)
→ *Kleiststrasse 23-26 Tel 030 21 47 30 96 Seg-sáb 9h (8h sáb)-20h*
Prateleiras com inúmeras garrafas. Cervejas berlinenses, vinhos do sul da Alemanha, vodca ucraniana, refrigerantes americanos ou água mineral francesa.

HobbyShop Wilhelm Rüther (**E** B6)
→ *Goltzstrasse 37 Tel 030 236 36 83 Seg-sex 9h30-19h, sáb 9h45-16h*
O templo dos trabalhos manuais para crianças e pais: tecidos, papéis, contas, caixas... Há diversas lojas na rua.

▶ Mapa B

GEMÄLDEGALERIE

NEUE NATIONALGALERIE

GEDENKSTÄTTE DEUTSCHER WIDERSTAND

▶ Mapa A

DEUTSCHE OPER BERLIN

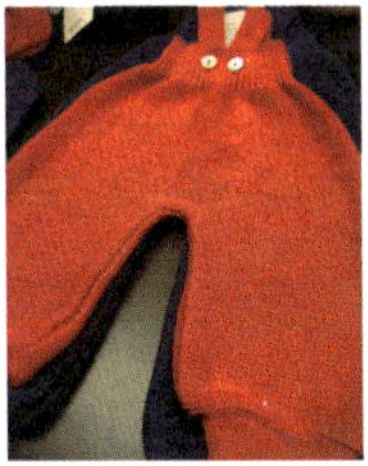

BIKINI BERLIN

STILWERK

Cafe im Literaturhaus (**F** E4)
→ *Fasanenstrasse 23 Tel 030 882 54 14 Diariam 9h-24h*
Caminhos de cascalho fino em um gramado, uma estufa Jugendstil de ferro fundido e equipe de branco e gravata-borboleta: um refúgio calmo fora do frenesi do Ku'Damm, volta ao tempo em que não havia pressa.

Kleine Orangerie (**F** A1)
→ *Spandauer Damm 20*
Tel 030 322 20 21
Abr-set: diariam 10h-20h; out-mar: ter-dom 10h-19h (atenção: os horários mudam)
Em frente aos museus, na ponta da estufa do castelo, recanto exótico e *Kneipe* para tomar um café, uma Flamküche ou um Frühstücksbüfett.

ÓPERA

Deutsche Oper Berlin (**F** C2)
→ *Bismarckstrasse 35*
Tel 030 34 38 43 43
***Bilheteria** Seg-sáb 11h-19h, dom 10h-14h; e 1 hora antes do espetáculo*
www.deutscheoperberlin.de
A ópera do lado ocidental continua a seduzir com suas encenações e estrelas internacionais.

BARES, CLUBES

Monkey Bar (**F** F3)
→ *Budapester Str. 40*
Na altura do 25hours Hotel
Tel 030 12 02 21 210 Seg-sáb 12h-1h (2h sex-sáb)
Ao ritmo de som eletro e com um coquetel na mão, os frequentadores observam os macacos do zoológico 25 andares abaixo.

Quasimodo (**F** E3)
→ *Kantstrasse 12a Tel 030 31 80 45 60* ***Café*** *Seg-sex a partir das 17h, sáb-dom a partir das 13h* ***Clube*** *A partir das 21h (shows 22h; ingressos no café)*
www.quasimodo.de
Sob o café, uma escada conduz ao clube de jazz, que acolhe astros e jam sessions lendárias de blues, soul, disco e funk. Público descolado.

A-Trane (**F** D3)
→ *Pestalozzistrasse 105/ Bleibtreustrasse 1 Tel 030 313 25 50 Dom-qui 20h-1h, sex-sáb 20h-último cliente*
***Concertos** Diariam 21h*
www.a-trane.de
Pequena sala em um grande clube que já recebeu a nata do jazz. Também promove artistas locais.

Die kleine Weltlaterne (fora do mapa **F** B4)
→ *Nestorstrasse 22 Tel 030 892 65 85 Ter-sáb 20h-3h*
www.diekleineweltlaterne.de
Um mito berlinense desde 1961. Esse bar é famoso por lançar pintores e músicos iniciantes. Clientela fiel e muita atmosfera. Shows de jazz e outros eventos.

COMPRAS

KPM (**F** E2)
→ *Wegelystrasse 1*
Tel 030 39 00 90
Seg-sáb 10h-18h
A fábrica real de porcelana, criada em 1763 por Frederico, o Grande, tem orgulho de seu incomparável *savoir-faire*. Mas as joias de louça ornamentada costumam ser bem caras.

Bikini Berlin (**F** F3)
→ *Budapester Str. 38-50*
Tel 030 55 49 64 54
Seg-sáb 10h-20h
O primeiro "concept mall" de Berlim: entre as marcas internacionais, lojas com estruturas de madeira dão a chance de conhecer as marcas independentes.

Stilwerk (**F** D3)
→ *Kantstrasse 17*
Tel 030 31 51 50
Seg-sáb 10h-19h
Com cinco andares, esse centro comercial de design é dedicado à casa: nele são encontradas grandes marcas ao lado de criadores locais, antiquários e até um negociante de pianos. Belo jardim interno.

Ku'Damm (**F** A4-E3)
A artéria comercial de Charlottenburg: mais de 3,5km de butiques, galerias de arte, hotéis de luxo e teatros, que atraem pessoas de todas as idades.

Steinbruch (**F** E3)
→ *Kurfürstendamm 237*
Tel 030 88 55 21 26
Seg-sáb 10h-20h
Essa loja seduz quem procura a última moda em roupas para o perfeito clubber...

Steiff in Berlin (**F** D4)
→ *Kurfürstendamm 38*
Tel 030 88 62 50 06
Seg-sáb 10h (9h sáb)-20h
Os bichinhos de pelúcia de mohair da célebre e centenária marca de Baden-Württemberg, facilmente identificáveis pelo botãozinho na orelha esquerda, são o grande atrativo desse adorável estabelecimento.

Wald Königsberger Marzipan (**F** B3)
→ *Pestalozzistrasse 54a Tel 030 323 82 54 Seg-sáb 10h-18h30 (15h30 sáb)*
Em uma loja cor-de-rosa como uma bomboneira, o templo do marzipã em Berlim! Nas paredes, fotos de três gerações de artesãos.

C/O BERLIN

KAISER-WILHELM-GEDÄCHTNIS-KIRCHE

▼ Mapa E

▼ Mapa E

O melhor de Berlim

Dez ideias para conhecer a capital de um jeito diferente

Comer uma Currywurst
Uma linguiça frita fatiada e coberta de ketchup e curry em pó, servida em um pratinho de papelão... Trata-se da imperdível especialidade berlinense para saborear a qualquer hora do dia ou da noite. Visitar Berlim sem provar a Currywurst é como ir até Tóquio e não comer sushis!
→ *Konnopke's Imbiss* (**B** E2), *Curry 36* (**D** B2), *os vendedores de rua na Alexanderplatz* (**C** B2)

Entender a *Ostalgie*
Era uma vez a RDA, seus Trabants (carros), sua Vita-Cola, seu Ampelmann (boneco dos semáforos)... Mas, além das bugigangas turísticas, a *Ostalgie* designa a *nostalgia* do cotidiano na Alemanha Oriental *(Osten)*, de seus valores e "bens de consumo"! Fenômeno de moda ou profunda crise de identidade? O assunto suscita controvérsias!
→ *DDR Museum* (**C** A2), *Ampelmann* (**B** D4)

Descobrir o Muro de Berlim por baixo
Na cidade, o Muro desapareceu quase totalmente. Mas museus, fragmentos grafitados ou memoriais mantêm sua lembrança. Para ter ideia de seu comprimento, nada melhor do que um passeio ciclo-turístico ao longo da antiga fronteira. Os amantes de emoções fortes, por sua vez, podem descer nos bunkers e nas estações de metrô fantasmas...
→ *Mauerweg, Gedenkstätte Berliner Mauer* (**B** C2), *Berliner Unterwelten: ver página* Bem-vindo a Berlim!

Marcar um encontro em um *Biergarten*
Mesas à sombra de grandes árvores, pratos fartos, grupos de amigos e muita cerveja: não existe melhor combinação para passar o verão aproveitando o charme da vida berlinense!
→ *Golgatha* (**D** A3), *Café am Neuen See no Tiergarten* (**E** A3)

Ouvir a melhor tecno
Na década de 1990, a música tecno ecoava nos edifícios e porões abandonados, seguindo o ritmo dos ruídos que chacoalhavam a cidade na superfície. Logo, as estrelas do gênero começaram a vir do mundo todo, e os espaços abandonados se transformaram em clubes míticos, nos quais uma geração inteira de adeptos do clubbing e da música eletrônica se tranca dia e noite, em um alucinante mundo paralelo.
→ *Berghain* (**C** D3), *Watergate* (**D** F2)

MARCAR UM ENCONTRO EM UM *BIERGARTEN*/CAFÉ AM NEUEN SEE

IR A UM ESPETÁCULO/KOMISCHE OPER BERLIN

COMER UMA CURRYWURST/CURRY 36

Transportes e hospedagem

AEROPORTOS

→ *Tel 030 60 91 11 50 www.berlin-airport.de*
Em breve o Schönefeld se tornará Berlin Brandenburg Airport (BER) e absorverá o tráfego do Tegel.

Flughafen Schönefeld (SFX)
→ *Ônibus 171 ou X7+ U-Bahn U7 40-60 min €3,30*
→ *Trem AirPort Express 30min €3,30 S-Bahn S9 ou S45 40min €3,30*
→ *Táxi 40-60min €38*

Flughafen Tegel (TXL)
→ *Ônibus TXL, X9, 109 ou 128 + U-Bahn U6, U7 ou S-Bahn S41, S42 ou S46 20 min €2,70*
→ *Táxi 20min €20-25*

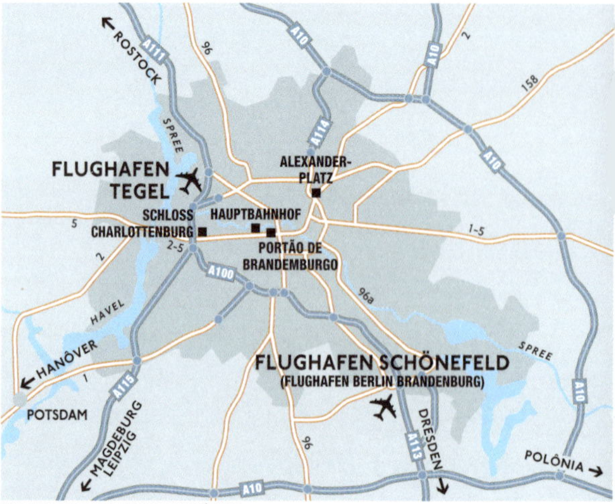

AEROPORTOS E ACESSOS RODOVIÁRIOS

Os preços apresentados são para um quarto duplo com banheiro e café da manhã inclusos. Taxa extra de estadia para turistas de 5% do valor do quarto. Reserva indispensável com 6-8 semanas de antecedência de jun a set, entre Natal e Ano-Novo, na Páscoa e em grandes eventos. As pensões pequenas nem sempre aceitam cartão de crédito. Há descontos para grupos, estadias mais longas e fora de temporada.

ALUGUEL DE APARTAMENTOS

Oh Berlin
→ *Tel 030 590 02 49 35 www.oh-berlin.com*
Apartamentos personalizados por toda a cidade. A partir de €22/pessoa.

Ïma Loft (**D** D1)
→ *Ritterstrasse 12-14, Kreuzberg Tel 030 61 62 89 13 www.1001apartservice.com*
Lofts contemporâneos de todas as dimensões em uma antiga fábrica. €55-100.

Miniloftmitte (**B** B3)
→ *Hessische Strasse 5, Mitte Tel 030 847 10 90 www.miniloft.com*
Catorze lofts elegantes atrás de uma fachada de aço. Único! €95-200.

MENOS DE €60

Mitte Baxpax Hostel (**B** B3)
→ *Chausseestrasse 102, Mitte Tel 030 28 39 09 65 www.baxpax.de*
O hotel de mochileiros mais antigo do Mitte. Quartos com pinturas feitas por ex-clientes. Sala de vídeo e cozinha. Dormitório €9-20/pessoa; quarto duplo €19 (sem banheiro)-39; lençóis €2,50. Outros endereços: Downtown Baxpax, *Ziegelstrasse 28* (**B** C4), e Kreuzberg Baxpax, *Skalitzer Strasse 104* (**D** E2).

Ostel (**C** D3)
→ *Wriezener Karree 5, Friedrichshain Tel 030 25 76 86 60 www.ostel.eu*
Papel de parede original, rádios de época e retratos patrióticos enfeitam esse hotel de 46 quartos no mais puro estilo da antiga Alemanha Oriental. Há uma casa *(DDR Ferienwohnung)* para as famílias. €30 (sem banheiro)-80; café da manhã €7,50.

Grand Hostel (**D** A2)
→ *Tempelhofer Ufer 14, Kreuzberg Tel 030 20 09 54 50 www.grandhostel-berlin.de*
Não há beliches nesse albergue com dormitórios imensos e bem iluminados. Aluga bicicletas para passeios pelo Park am Gleisdreieck, vizinho. Dormitório €14; quarto duplo €39.

Pfefferbett Hostel Berlin (**B** E3)
→ *Schönhauser Allee 176, Scheunenviertel Tel 030 93 93 58 58 www.pfefferbett.de*
Instalado dentro de uma antiga cervejaria, em um prédio de tijolos à vista, esse original albergue abriga também um centro cultural, galerias de arte, um *Biergarten* e clubes. Wi-Fi. Dormitório €15-18/pessoa; quarto duplo €30-50.

Generator Hostel (**B** C4)
→ *Oranienburger Strasse 65, Mitte Tel 030 921 03 76 80 www.generatorhostels.com*
Situado em uma vizinhança vibrante, esse albergue da juventude tem dormitórios chamativos e decoração urbana. Refeições a preços módicos. Dormitório €17,50; quarto duplo €30-40; café da manhã €4,50.

Arte Luise Kunsthotel (**A** B1)
→ *Luisenstrasse 19, Mitte Tel 030 28 44 80 www.luise-berlin.com*
Cada um dos 50 quartos é uma obra à parte, concebida e batizada por um artista. Dieter Mammel, por

Mapa E

SCHLOSSGARTEN

SCHARF-GERSTENBERG

MUSEUM BERGGRUEN

★ **The Story of Berlin** (**F** D4)
→ *Kurfürstendamm 207-208*
Tel 030 88 72 01 00
Diariam 10h-20h
Oitocentos anos da saga berlinense – da fundação, no séc. XIII, à queda do Muro, em 1989, reconstituídos por meio de animações interativas. Por fim, a insólita descida a um abrigo antiatômico sob a Ku-Damm.

★ **Schloss Charlottenburg** (**F** B1)
→ *Spandauer Damm 20-24*
Tel 030 32 09 11 ***Altes Schloss***
Inverno: ter-dom 10h-17h; verão: ter-dom 10h-18h ***Neuer Flügel***
Inverno: qua-seg 10h-17h; verão: qua-seg 10h-18h
A obra-prima do Barroco em Berlim (1695-1701) foi dedicada por Frederico I (1688-1713) à sua mulher, Sophie-Charlotte, e ampliada (1740-46) por Knobelsdorff para Frederico II. O interior guarda os suntuosos apartamentos do rei, sua coleção de pintura francesa (inclusive oito Watteau) e, na Galerie der Romantik, as obras-primas de C. D. Friedrich (1774-1840).

★ **Schlossgarten** (**F** A1)
→ *Belvedere e Mausoléu*
Abr-out: ter-dom 10h-18h
Depois das trilhas do jardim barroco de Siméon Godeau (aluno de Le Nôtre), aventure-se pelos caminhos e passarelas do parque inglês (1819-1928) projetado por Lenné. Confira o pavilhão napolitano de Schinkel, o belvedere de Carl Gotthard Langhans e seu museu de porcelanas, e o mausoléu da rainha Louise (1776-1810), mãe do nacionalismo prussiano.

★ **Sammlung Scharf-Gerstenberg** (**F** B1)
→ *Schlossstrasse 70*
Tel 030 266 42 42 42
Ter-dom 10h (11h sáb-dom)-18h
Em antigas cavalariças do Schloss, as 250 obras-primas colecionadas pelos netos de Otto Gerstenberg apresentam um panorama completo do Surrealismo: dos precursores (Piranesi, Goya, Redon...) aos grandes mestres do gênero (Magritte, Ernst, Dalí).

★ **Museum Berggruen** (**F** B1)
→ *Schlossstrasse 1 Tel 030 32 69 58 15 Ter-dom 10h-18h*
Os maiores nomes da arte moderna reunidos pelo galerista Heinz Berggruen. Além de Cézanne, Matisse, Giacometti e Klee, mais de cem obras de Picasso.

★ **Bröhan-Museum** (**F** B2)
→ *Schlossstrasse 1a Tel 030 32 69 06 00 Ter-dom 10h-18h*
Móveis de Guimard, pinturas da Secessão berlinense: a coleção de Karl H. Bröhan é voltada às artes decorativas e às belas-artes de 1889 a 1939.

TRENS

De Paris (Gare de l'Est)
Trem da noite
Paris-Berlim (12h30)
Thalys + trem direto
Paris-Berlim via Frankfurt, Mannheim ou Colônia (8h30)
Reservas
→ *Tel 36 35 www.sncf.fr*
Estação de chegada
Hauptbahnhof (**E** C1-D1)
→ *Europaplatz 1*
Todos os trens de longa distância convergem para a estação central, ao norte do Tiergarten.
Informações
→ *Tel 0180 699 66 33 (reserve)/0800 150 70 90 (horários) www.bahn.de*

HAUPTBAHNHOF

TÁXIS

ÔNIBUS

De Paris, 14h de trajeto.
Eurolines
→ *Tel 08 92 89 90 91 www.eurolines.fr*
→ *Partida da gare routière de Paris-Gallieni (linha 3 do metrô, estação Gallieni)*
→ *Chegada à ZOB (Zentrale Omnibusbahn-hof Berlin)* (fora do mapa **F** A3) *Masurenallee 4-6 U-Bahn 2 (Kaiserdamm) ou S-Bahn 41 e 42 (Messe Norte/ICC)*

TÁXIS

Tarifas
→ *Bandeirada €3,40, €1,79/km para os 7 primeiros km, depois €1,28/km*
Aceita cartão de crédito.
Reservas
Taxi-Ruf
→ *Tel 030 20 20 20*

BICICLETAS

Rede de ciclovias funcional e agradável. €1,80 para transportar sua bicicleta no metrô.
Aluguel
Fahrradstation (**A** C2)
→ *Dorotheenstrasse 30 Tel 030 28 38 48 48 www.fahrradstation.com €15/dia, €50/semana*
Sistema público de bicicletas
Os terminais de aluguel (com cartão de crédito) são indicados com o símbolo 🚲 neste guia.
Call a Bike
→ *Tel 0700 05 22 55 22 €0,08/min, €15/dia www.callabike.de*
Aluguel por telefone, com entrega no local.
Nextbike
→ *€1/30min, €9/dia www.nextbike.net*

exemplo, propôs uma cama de madeira escura e, na parede, uma pintura. Reserve com bastante antecedência. €49 (sem banheiro)-189; café da manhã €11.

Pension Funk (**F** E4)
→ *Fasanenstrasse 69, Charlottenburg Tel 030 882 71 93 www.hotel-pensionfunk.de*
Antiga morada da estrela do cinema mudo Asta Nielsen, esse fino hotel do séc. XIX com janelas art nouveau tem quartos amplos numa magnífica rua perto do Ku'Damm. €52 (sem banheiro)-129.

Riverside hotel & SPA (**A** C1)
→ *Friedrichstrasse 105-106, Mitte Tel 030 28 49 00 www.tolles-hotel.de*
Perto da Oranienburgerstr. e da Unter den Linden, hotel art nouveau em um cenário de cinema ou teatro. Alguns quartos têm uma vista esplêndida para o rio Spree. A partir de €56.

The Circus Hostel (**B** D3)
→ *Weinbergsweg 1a, Mitte Tel 030 20 00 39 39 www.circus-berlin.de*
O mundo inteiro parece ter marcado encontro nesse prédio vermelho! Quartos recém-reformados e serviço impecável. Wi-Fi. Dormitório €19-31/pessoa; quarto duplo €58 (sem banheiro)-85; café da manhã €3-5. Em frente fica The Circus Hotel.

€60-100

Hotel-Pension Columbus (**F** E4)
→ *Meinekestrasse 5, Charlottenburg Tel 030 881 50 61 www.columbus-berlin.com*
No terceiro andar de um prédio do séc. XIX, dezenove quartos de estilos diferentes. Nas paredes, desenhos feitos pelas crianças da casa. €60 (sem banheiro)-95.

Hotel Vier Jahreszeiten Berlin City Kreuzberg (**D** E2)
→ *Skalitzer Strasse 36, Kreuzberg Tel 030 627 35 280 www.vj-hotels.com*
Quarenta e oito quartos e uma suíte novos e extravagantes no animado Kreuzberg, próximo ao comércio da Orianenstrasse. Decoração contemporânea e de bom gosto, banheiros amplos. €69-139; café da manhã €13.

Hüttenpalast (**D** E3)
→ *Hobrechtstrasse 66, Neukölln Tel 030 37 30 58 06 www.huettenpalast.de*
Um camping dentro do hotel! Sete trailers customizados e cinco cabanas de madeira perfeitos para as crianças – tudo isso no interior de um imóvel no coração de Neukölln. Banheiros compartilhados. Quartos clássicos para os menos aventureiros, a partir de quatro pessoas; €69 (trailer para 1-2), €74 (quarto).

Michelberger Hotel (**C** E4)

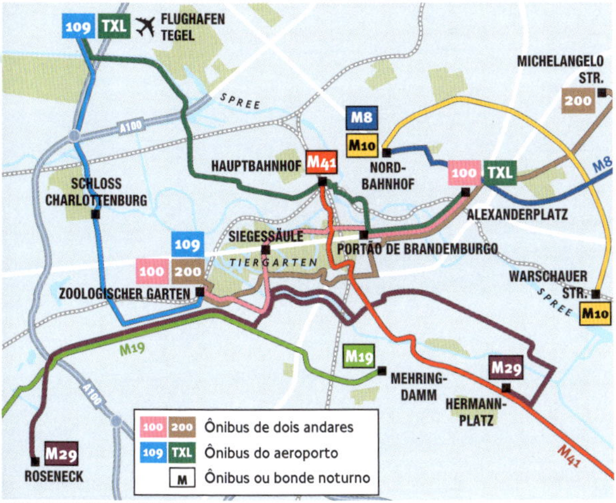

PRINCIPAIS LINHAS DE ÔNIBUS

304 quartos futuristas assinados por Karim Rashid: curvas rosas para relaxar e curtir música, com violões para alugar. Vistas do Spree. €105-260; café da manhã €28.

Ackselhaus (**B** F3)
→ *Belforter Strasse 21, Prenzlauer Berg*
Tel 030 44 33 76 33
www.ackselhaus.de
Em uma pequena rua a 5 minutos da Kollwitzplatz, quartos temáticos ("lua de mel", "China"...) decorados com bom gosto. Café da manhã no vizinho Café Club del Mar. €120-300.

Honigmond Garden Hotel (**B** B3)
→ *Invalidenstrasse 122, Mitte*
Tel 030 28 44 55 77
www.honigmond.de
Quartos e apartamentos aconchegantes distribuídos em torno de um jardim verdejante e um espelho d'água habitado por carpas. Um pouco além, a também tranquila casa principal: *Tieckstrasse 11* (**B** C3). €125-230.

Hotel Q ! (**F** D3)
→ *Knesebeckstrasse 67, Charlottenburg*
Tel 030 810 06 60
www.hotel-q.com
Para que o hóspede acorde de modo bem relaxado, algumas camas desse hotel de design contemporâneo foram equipadas com banheira. O bem-estar prevalece também no excelente spa com sauna. €120-180; café da manhã €20.

Ellington Hotel (**E** A5)
→ *Nürnberger Strasse 50-55, Tiergarten Tel 030 68 31 50*
www.ellington-hotel.com
Ao lado do KaDeWe, esse notável prédio art déco foi testemunha da presença de célebres nomes da música, como Duke Ellington e David Bowie. Hoje, a clientela sofisticada ocupa os 285 quartos e suítes decorados com simplicidade e bom gosto. €128-460; café da manhã €20.

HOTÉIS DE ALTO LUXO

The Mandala Hotel (**E** D4)
→ *Potsdamer Strasse 3, Tiergarten Tel 030 590 05 00 00 www.themandala.de*
Por trás de uma fachada de vidro, 158 suítes minimalistas para descansar à noite, após um último coquetel no Qiu. A partir de €170.

Hotel Adlon Kempinski (**A** B2)
→ *Unter den Linden 77, Mitte*
Tel 030 226 10
www.hotel-adlon.de
Localizado bem em frente ao Portão de Brandemburgo, esse lendário palácio hospedou Rockefeller, Charlie Chaplin e Marlene Dietrich, e sua restauração lhe conferiu ainda mais luxo. A partir de €215.

TRANSPORTE PÚBLICO

Informações
→ *Tel 030 194 49*
www.bvg.de
A BVG administra as três zonas da rede, menos o S-Bahn.

U-Bahn
10 linhas de metrô que cobrem toda a cidade.

S-Bahn
15 linhas de trem servem a cidade.

Ônibus
Cerca de 165 linhas.

Bonde
22 linhas modernizadas servem sobretudo o Leste.

Horários
→ *Dom-qui 4h-1h, sex-sáb 24h (exceto U-4 e U-55)*

Nachtlinien
(linhas noturnas)
→ *Dom-qui 1h-4h (a cada 30min)*
A noite inteira: 45 linhas de ônibus, 9 de bonde.

Bilhetes
Nas estações de U-Bahn e guichês das estações.

Kurzstrecke
→ *Trajeto curto €1,60 para 6 paradas (ônibus/bonde) ou 3 estações (U-Bahn/S-Bahn)*

Einzelfahrausweis
→ *Só ida €2,70*

Tageskarte
→ *Cartão €6,90/1 dia*

7-Tage-Karte
→ *€29,50/1 semana*

WelcomeCard
→ *2 dias (€19,50), 3 dias (€26,70) e 5 dias (€34,50)*
Uso ilimitado dos transportes públicos, além de descontos (ativar para ter validade em museus). Há também o cartão família, válido para um adulto e três crianças, em Berlim e Potsdam (2 dias: €21,50; 3 dias: €28,50; 5 dias: €39,50).

Xeretar nos *Flohmärkte*
Em Berlim, aos domingos, quem não come brunch vai visitar os mercados de pulgas! Porque o maior prazer consiste em xeretar as bancas de objetos usados em busca de livros, itens do tempo da RDA ou roupas vintage. Para quem gosta de kitsch, objetos antigos ou em desuso, para todo tipo de colecionadores, os melhores negócios ocorrem de manhã cedo, e é necessário pechinchar!
→ *Mauerpark* (**B** D1), *Arkonaplatz* (**B** D2), *Tiergarten* (**E** C3)

Andar de bicicleta
Os berlinenses não se preocupam com os problemas de trânsito ou estacionamento! Independentemente da estação, andam de bicicleta, levando crianças e compras em pequenos e apropriados reboques. Amplas avenidas com circulação fluida e diversas ciclovias: perfeito para descobrir todos os recantos da cidade!
→ *Para explorar lagos e florestas dos arredores, é possível pegar o S-Bahn com a bicicleta. Ver* Transportes e Hospedagem

Fazer um piquenique no Tiergarten
Para respirar ar puro, o melhor lugar é o Tiergarten, um dos maiores parques urbanos do mundo. Sob o sol de verão, as trilhas são o ponto de encontro dos esportistas. A beira das lagoas atrai gente que está querendo se bronzear.
→ *Outros lugares populares: Victoria Park* (**D** A3) *ou Landwehrkanal* (**D** C2-D2)

Ir a um espetáculo
Desde os anos 1920, Berlim adora se divertir! Prova disso? A capital possui pelo menos sete orquestras sinfônicas, entre as quais a célebre Berliner Philharmoniker, e três grandes Óperas, e a cena teatral recebe todos os dias diversas trupes, de clássicas a vanguardistas. Sem esquecer os clubes de jazz, cabarés ou animações de rua... Entediar-se à noite em Berlim? Impossível!
→ *É necessário reservar nas grandes salas*

Descobrir a Berlim alternativa
Nas ruas da cidade, é possível perceber os movimentos alternativos que a animam: street art nos muros (procure os afrescos de Roa em Prenzlauer Berg ou de Blu em Kreuzberg), apresentações em espaços abandonados, exposições em antigos complexos industriais ou pequenos projetos autônomos em Kreuzberg e Friedrichshain...
→ *Berlim alternativa*
Tel 016 28 19 82 64
www.alternativeberlin.com

FAZER UM PIQUENIQUE NO TIERGARTEN

OUVIR A MELHOR TECNO

OSTALGIE/TRABANT

DESCOBRIR O MURO DE BERLIM POR BAIXO/EAST SIDE GALLERY

Transportes e hospedagem

ESTAÇÃO DE U-BAHN

ÔNIBUS

U-BAHN

SINAL PARA PEDESTRES

CARRO

Os berlinenses respeitam muito o código de trânsito: param no sinal vermelho e dão prioridade a ciclistas e pedestres em certas faixas da pista

Limites de velocidade
De 30 a 50km/h na cidade. Sem limite na estrada.
Certificado ambiental
→ *www.berlin.de/umweltzone*
Fazer o pedido no máximo duas semanas antes da viagem para todos os veículos. Multa €80.

→ *Warschauer Strasse 39-40, Friedrichshain Tel 030 29 77 85 90 www.michelbergerhotel.com*
119 quartos bem modernos, para casais ou para grupos: dormitórios, quartos temáticos "Ouro" ou "Chalé" e lofts com decoração contemporânea. €70-180.
Pension Kreuzberg (**D** A2)
→ *Grossbeerenstrasse 64, Kreuzberg Tel 030 251 13 62 www.pension-kreuzberg.de*
Pensão familiar em um imóvel Gründerzeit (da década de 1870). Bela escadaria de época, doze quartos espaçosos, serviço cordial. €72.
Hotel Gunia (**E** B5)
→ *Eisenacher Strasse 10, Schöneberg Tel 030 218 59 40 www.hotelgunia.de*
Esse edifício de 300 anos tem quartos charmosos, com pé-direito alto, molduras e detalhes dourados. €75-100.
East-Side Hotel (**C** D4)
→ *Mühlenstrasse 6, Friedrichshain Tel 030 29 38 33 www.eastsidehotel.de*
Por trás de uma fachada de classe, esse hotel é também galeria de arte, com pinturas no saguão e no salão de refeições. Não há quadros nos 36 quartos modernos, mas os de frente para a rua têm vista da East Side Gallery. A partir de €79.
Park Inn Berlin (**C** B2)
→ *Alexanderplatz 7, Mitte Tel 030 238 90 www.parkinn-berlin.de*
Hotel à altura da Alexanderplatz, destinava-se a receber os visitantes dos países aliados de passagem pela ex-RDA. São 1.012 quartos superequipados, com o mais belo panorama de Berlim através das janelas. O edifício tem um cassino na cobertura. €80-200; café da manhã €19.
Hotel Askanischer Hof (**F** D4)
→ *Kurfürstendamm 53, Charlottenburg Tel 030 881 80 33 www.askanischer-hof.de*
Hotel tradicional no Ku'Damm. Recepção Jugendstil, móveis clássicos e dezesseis quartos confortáveis e com certo requinte. €80-160.
Propeller Island City Lodge (**F** B4)
→ *Albrecht-Achilles-Str. 58, Charlottenburg Tel 030 891 90 16 www.propeller-island.de*
E quando o dormir pode ser uma aventura única? Escolha entre 27 quartos peculiares nascidos da imaginação de Lars Stroschen: móveis de teto, cama em levitação, jaulas de leões para as crianças ou caixões para quem gosta de se arrepiar... Reserve. €80 (sem banheiro)-115; café da manhã €7.
Pension Peters (**F** D3)
→ *Kantstrasse 146, Charlottenburg Tel 030 312 22 78 www.pension-peters-berlin.de*
Para aproveitar as lojas e os terraços em torno da Savignyplatz, 34 quartos coloridos, com janelões. €81.
Hotel Johann (**D** C2)
→ *Johanniterstrasse 8, Kreuzberg Tel 030 225 07 40 www.hotel-johann-berlin.de*
Charmoso hotel fora dos circuitos turísticos, à beira do Landwehrkanal. Amplo espaço e móveis de design nos 33 quartos. €95-149.
Hotel Art Nouveau (**F** C4)
→ *Leibnizstrasse 59, Charlottenburg Tel 030 327 74 40 www.hotelartnouveau.de*
Quartos temáticos com inspiração italiana e japonesa (entre outras) e de todas as cores... Charme e conforto. €96-176.

MAIS DE €100

Nhow (**C** E4)
→ *Stralauer Allee 3, Kreuzberg Tel 030 290 29 90 www.nh-hotels.de*

Berlin Liniennetz Routemap
S1 Wannsee ↔ Oranienburg
S2 Blankenfelde ↔ Bernau
S25 Teltow Stadt ↔ Hennigsdorf
S3 Erkner ↔ Ostkreuz
S41 Ring im Uhrzeigersinn
S42 Ring gegen Uhrzeigersinn
S45 Flughafen Berlin-Schönefeld ↔ Südkreuz (↔ Bundesplatz)
S46 Königs Wusterhausen ↔ Westend
S46 Königs Wusterhausen ↔ Südkreuz
S47 Spindlersfeld ↔ Hermannstr.
S47 Spindlersfeld ↔ Schöneweide
S5 Strausberg Nord ↔ Spandau
S7 Ahrensfelde ↔ Potsdam Hbf
S75 Wartenberg ↔ Westkreuz
S75 Wartenberg ↔ Lichtenberg
S8 (Zeuthen ↔) Grünau ↔ Birkenwerder
S8 Grünau ↔ Pankow (↔ Birkenwerder)
S85 (Grünau ↔) Schöneweide ↔ Waidmannslust (nur Mo-Fr) (only Mon-Fri)
S9 Flughafen Berlin-Schönefeld ↔ Pankow
S9 Flughafen Berlin-Schönefeld ↔ Treptower Park
U1 Warschauer Straße ↔ Uhlandstraße
U2 Pankow ↔ Ruhleben
U3 Nollendorfplatz ↔ Krumme Lanke
U4 Nollendorfplatz ↔ Innsbrucker Platz
U5 Hönow ↔ Alexanderplatz
U55 Brandenburger Tor ↔ Hauptbahnhof
U6 Alt-Tegel ↔ Alt-Mariendorf
U7 Rathaus Spandau ↔ Rudow
U8 Wittenau ↔ Hermannstraße
U9 Osloer Straße ↔ Rathaus Steglitz
S+U-Bahn-Nachtverkehr
nur Fr/Sa ca. 0:30-5:30 Uhr
Sa/So und vor Feiertagen ca. 0:30-7:00 Uhr
S+U-Bahn nighttime traffic
Fri/Sat ca. 0:30 am-5:30 am
Sat/Sun and prior to holidays ca. 0:30 am-7:00 am
Baubedingte Unterbrechung der S-Bahnlinien S1, S2 und S25 Yorckstr. ↔ Gesundbrunnen vom 16. Januar bis 4. Mai 2015
Tegel TXL
Spandau
Hauptbahnhof
Westkreuz
Potsdam Hbf
Wannsee
Oranienburg
Hennigsdorf
Teltow Stadt
Blankenfelde (Kr. Teltow-F

Legenda
Linha S-Bahn, U-Bahn e baldeações
Linhas regionais
Em construção
Ônibus para o aeroporto
Estação de linhas principais
Terminal rodoviário
Barrierefrei
(Acesso livre com Berlin Pass)
Acesso livre, elevador, S+U
Rampa de acesso para RER e metrô
Stand: 14. Dezember 2014
Acesso livre Barrierefreier / baldeação com elevador para os transportes especificados
Rampa de acesso para os transportes especificados
Zona tarifária
Service service
Berliner Verkehrsbetriebe (BVG)
www.BVG.de
BVG Call Center: 030 19 44 9
DB BAHN S-Bahn Berlin
www.s-bahn-berlin.de
S-Bahn Kundentelefon 030 29 74 33 33
Verkehrsverbund Berlin-Brandenburg
VBB.de
VBB Infocenter: 030 25 41 41 41
Groß Schönebeck (Schorfheide) RB27
Stralsund/Schwedt (Oder) RE3 RB24 Eberswalde
RB27 Schmachtenhagen
RB27 Wensickendorf
Zühlsdorf
Wandlitzsee
Wandlitz
Basdorf
Schönwalde (Barnim)
Schönerlinde
Rüdnitz
Bernau S2
Bernau-Friedenstal
Zepernick (bei Bernau)
Röntgental
Buch
Karow RB27
Mühlenbeck-Mönchmühle
Blankenburg
Pankow-Heinersdorf
RE3-RE5-RB27
RB12-RB24
S8 U2 S9 U2 Pankow
Wollankstr.
Vinetastr.
Bornholmer Str.
Schönhauser Allee
Prenzlauer Allee
Greifswalder Str.
S42 S41
Voltastr.
Bernauer Str.
Eberswalder Str.
Senefelderplatz
Rosa-Luxemburg-Platz
Rosenthaler Platz
Weinmeisterstr.
Hackescher Markt
RE1-RE2-RE7-RB14
U5 Alexanderplatz
Schillingstr.
Strausberger Platz
Weberwiese
Frankfurter Tor
Samariterstr.
Klosterstr.
Märkisches Museum
Jannowitzbrücke
Ostbahnhof
U1 Warschauer Str.
Frankfurter Allee
Hausvogtei-platz
Spittel-markt
Heinrich-Heine-Str.
Kochstr.
Moritzplatz
Prinzenstr.
Schlesisches Tor
Ostkreuz S3
Hallesches Tor
Kottbusser Tor
Görlitzer Bhf
Schönleinstr.
Mehringdamm
Hermannplatz
Gneisenaustr.
Südstern
Rathaus Neukölln
Platz der Luftbrücke
Boddinstr.
Karl-Marx-Str.
Paradestr.
Leinestr.
Sonnenallee
Tempelhof
Neukölln
Alt-Tempelhof
Hermannstr. S47 U8
Kaiserin-Augusta-Str.
Ullsteinstr.
Westphalweg
Alt-Mariendorf U6
arienfelde
Buckower Chaussee
Schichauweg
Lichtenrade
Mahlow
Dahlewitz
Rangsdorf
RE7 Wünsdorf-Waldstadt
RE7-RB19-RB22
Grenzallee
Blaschkoallee
Parchimer Allee
Britz-Süd
Johannisthaler Chaussee
Lipschitzallee
Wutzkyallee
Zwickauer Damm
Rudow U7
X7 171 N7
Flughafen Berlin-Schönefeld S45 S9
Schönefeld SXF
Waßmannsdorf
BER Flughafen Berlin Brandenburg Airport
S75 Wartenberg
Hohenschönhausen
Gehrenseestr.
Landsberger Allee
Storkower Str.
Friedrichsfelde Ost
Magdalenen-str.
Friedrichsfelde
Nöldnerplatz
Lichtenberg S75 RB12 RB24 RB25 RB26
Tierpark
Rummelsburg
Betriebsbahnhof Rummelsburg
Karlshorst
RE1-RE2-RE7-RB14
Treptower Park
Plänterwald
Köllnische Heide
Baumschulenweg
S85 S47 Schöneweide
Oberspree
Spindlersfeld S47
Betriebsbahnhof Schöneweide
Adlershof
Altglienicke
Grünbergallee
RE7-RB14-RB19-RB22
Grünau S8 S85
Eichwalde
Zeuthen S8
Wildau
Niederlehme Zernsdorf Kablow
RB36
Königs Wusterhausen S46 RE2 RB36
Zeesen
RE2-RB19-RB22
Cottbus RE2 RB19 Senftenberg
Frankfurt (Oder) RB36
Werneuchen RB25
Seefeld (Mark)
Blumberg
Blumberg-Rehhahn
Ahrensfelde Nord
Ahrensfelde Friedhof
S7 Ahrensfelde
Mehrower Allee
RB25
Raoul-Wallenberg-Str.
Marzahn
Poelchaustr.
Springpfuhl
RB12-RB24-RB25
S5 Strausberg Nord
Strausberg Stadt
Hegermühle
Hönow U5
Louis-Lewin-Str.
Hellersdorf
Strausberg
Kostrzyn (Küstrin) RB26
Cottbusser Platz
Petershagen Nord
Neue Grottkauer Str.
Fredersdorf
Kaulsdorf-Nord
Neuenhagen
RB26
Biesdorf
Wuhletal
Kaulsdorf
Mahlsdorf
Birkenstein
Hoppegarten (Mark)
Elsterwerdaer Platz
Biesdorf-Süd
A
B
C
Wuhlheide
Köpenick
Hirschgarten
RE1
Friedrichshagen
Rahnsdorf
Wilhelmshagen
Erkner S3
Frankfurt (Oder) RE1
Eisenhüttenstadt RE1
Fangschleuse
RE2-RE7-RB14
Redaktionsschluss: 15. Oktober 2014
© 2014 Kartographie Berliner Verkehrsbetriebe (BVG)

Índice de ruas, monumentos e atrações

Os nomes de ruas, monumentos e atrações estão classificados por ordem alfabética. As letras em negrito (**A, B, C**...) indicam o bairro e o mapa correspondente. A estrela ✪ remete à página "Atrações imperdíveis", no início deste guia.

Ruas